Le défi de la discipline familiale

JOE-ANN BENOIT

LES ÉDITIONS
Quebecor

Données de catalogage avant publication (Canada)

Benoit, Joe-Ann

Le défi de la discipline familiale

Nouv. éd.
(Collection Famille)

ISBN 2-7640-0535-0

1. Enfants - Discipline. 2. Éducation des enfants. 3. Adolescents - Discipline. 4. Parents et enfants. 5. Parents et adolescents. 6. Rôle parental. I. Titre. II. Collection: Collection Famille (Éditions Quebecor)

HQ770.4.L35 2001   649'.64   C2001-940431-X

LES ÉDITIONS QUEBECOR
7, chemin Bates
Outremont (Québec)
H2V 1A6
Téléphone: (514) 270-1746

© 2001, Les Éditions Quebecor, pour la présente édition
Bibliothèque nationale du Québec
Bibliothèque nationale du Canada

Éditeur: Jacques Simard
Conception de la couverture: Bernard Langlois
Illustration de la couverture: Artville

Nous reconnaissons l'aide financière du gouvernement du Canada par l'entremise du Programme d'Aide au Développement de l'Industrie de l'Édition pour nos activités d'édition.

Gouvernement du Québec – Programme de crédit d'impôt pour l'édition de livres – Gestion SODEC.

IMPRIMÉ AU CANADA

Le défi de la discipline familiale

TABLE DES MATIERES

Introduction

Depuis quelques années, des centaines de parents déconcertés me racontent leurs difficultés parentales. Les mêmes questions reviennent à chaque conférence: comment agir avec un enfant de 2 ans qui fait de violentes crises de colère? Existe-t-il des trucs pour montrer aux tout-petits à partager leurs jouets? Comment aider un jeune agressif et batailleur à contrôler son impulsivité? Que faire pour diminuer les chamailleries entre frères et soeurs? Comment discuter avec un adolescent qui argumente? Un compromis est-il possible entre les besoins de l'adolescent et ceux des parents?

Ces situations exigent un certain encadrement qu'on appelle communément la discipline. Ce mot a une connotation péjorative parce qu'on l'a longtemps associé à l'autoritarisme, voire à la tyrannie. Pourtant le véritable sens du terme "discipline" est positif et constructif qu'on rattache son étymologie à *disciplina* (qui signifie enseignement, direction morale), à *discere* (apprendre) ou à son dérivé *discipulus* (celui qui apprend, le disciple).

La discipline n'a rien de révolutionnaire et ne saurait prétendre résoudre à elle seule tous les problèmes familiaux. Mais elle constitue un des éléments qui a été le plus délaissé dans l'éducation des enfants des vingt dernières années. Il est grand temps de réhabiliter la pratique de la discipline, redéfinie dans son sens original! Le défi, c'est de chercher un nouvel équilibre entre l'approche rigide et oppressive d'autrefois et le libéralisme exacerbé qui a accompagné l'éclatement des valeurs de notre société.

Ce livre est la synthèse de ce que j'ai vu, lu, entendu et expérimenté avec mes propres enfants. Il va de soi que toutes les anecdotes citées ont été déguisées, mais je peux vous assurer que toutes les situations décrites sont inspirées de faits véridiques. Je dois beaucoup aux nombreux chercheurs et auteurs qui, par leurs études et leurs écrits, ont façonné ma façon de concevoir mon rôle de parent. *Le défi de la discipline familiale* propose aux parents et aux éducateurs(trices) de garderie:

- Une réflexion sur la place de la discipline dans l'éducation des enfants;
- Une vue d'ensemble des principales tendances disciplinaires;
- Un test permettant au lecteur d'analyser la tendance dominante dans son style disciplinaire personnel;
- Une démarche de base pour faire de la discipline de façon efficace et créative;
- Une variété de stratégies classées des plus positives aux plus négatives;
- Des exemples concrets concernant non seulement les enfants de 2 à 6 ans, mais aussi les jeunes de 7 à 12 ans et les adolescents de 13 à 17 ans. En tout, plus d'une centaine de mises en situation;
- Un langage simple et imagé, afin d'être accessible au plus grand nombre de lecteurs possible.

Je vous invite à puiser dans ce livre les outils qui vous conviennent et à poursuivre la réflexion sur le défi que pose une discipline pragmatique, mais humaine.

CHAPITRE 1 - LES ENFANTS ONT-ILS BESOIN DE DISCIPLINE POUR ETRE HEUREUX?

CHAPITRE 1 - Les enfants ont-ils besoin de discipline pour être heureux?

Tout le monde court après le bonheur, c'est bien connu! On le cherche pour soi, mais aussi pour nos proches que l'on souhaite "rendre heureux". Mais qu'est-ce donc que ce mystérieux paradis toujours espéré, cette insaisissable félicité, cette béatitude sans cesse revendiquée? Les enfants ne se compliquent pas l'existence par une quête de bien-être. Ils ne se préoccupent pas du lendemain. Leur bonheur réside essentiellement dans la satisfaction de leurs besoins fondamentaux au jour le jour. Les besoins primaires sont d'ordre physique, relationnel et sécuritaire.

Les exigences énergétiques assurent la survie de l'individu et sa santé physique. Les parents identifient aisément ces besoins biologiques et y répondent de façon satisfaisante, qu'il s'agisse de la faim, de la soif, ou du sommeil.

Les besoins relationnels se manifestent par diverses interactions entre l'enfant et son entourage. Ainsi, un bébé attire l'attention par son babillage, l'enfant questionne inlassablement les adultes et recherche des marques d'affection: être embrassé, cajolé, consolé, etc. L'amour est une denrée nécessaire à la croissance de l'esprit et même du corps.

La troisième catégorie de besoins concerne la sécurité, en particulier la sécurité émotionnelle. L'enfant a besoin de stabilité pour construire sa personnalité harmonieusement. La discipline répond à cette condition en fournissant une structure rassurante sur laquelle il peut s'appuyer, un cadre de référence qui lui permet de savoir comment il doit agir et de prévoir jusqu'à un certain point ce qui va se passer.

Quand toutes ces conditions sont remplies, il peut alors profiter au maximum de toutes les stimulations qui lui sont prodiguées au travers des jeux, de l'instruction et de ses expériences quotidiennes. Nous avons alors un enfant heureux et équilibré qui exploite son plein potentiel.

Les besoins physiques affectent le comportement

Doit-on toujours ramener un comportement désagréable à un problème d'indiscipline? Bien sûr que non! Les écarts de conduite peuvent être tributaires d'un besoin physique ou affectif. L'enfant qui a faim harcèle les adultes, grogne, trépigne et se dispute plus volontiers avec ses camarades. Celui qui est fatigué peut devenir agressif, agité, voire carrément insupportable. L'enfant malade peut être au contraire apathique, geignard ou irritable.

Nous devons aborder de telles réactions en considérant d'abord l'angle physiologique. Il suffit parfois de combler le besoin biologique pour neutraliser ou atténuer ces agissements perturbateurs. Ainsi on donnera une collation au jeune qui a faim, on fera faire une sieste au tout-petit épuisé et on soignera l'enfant malade. À l'inverse, l'enfant peut avoir un surplus d'énergie qui demande à être dépensé. Si le parent ignore ce besoin physique et le contraint à l'inactivité pendant de longues heures, il sera normal de voir apparaître des comportements inadéquats. Le simple fait de donner à l'enfant la possibilité de bouger, par exemple en l'amenant au parc où il peut courir et faire de l'exercice, améliorera sa conduite.

Lorsque l'enfant est jeune, il n'est pas conscient des réactions que son corps suscite. C'est à l'adulte d'être vigilant et de discerner les facteurs physiques pouvant influencer la conduite de son enfant. Cependant, si l'adulte lui en donne l'occasion en l'aidant à reconnaître ces situations, l'enfant qui vieillit sera de plus en plus conscient des facteurs physiques pouvant affecter son comportement et apprendra progressivement à les contrôler.

Ainsi, chaque fois qu'un enfant présente un comportement désagréable, le parent ou l'éducateur doit vérifier en premier lieu si cette conduite ne résulte pas d'un besoin énergétique. Si c'est le cas, le simple fait de répondre à cette exigence suffira à modifier positivement la conduite de l'enfant.

Exemples

Le jeune qui est hyperactif

La faim, la fatigue et la maladie sont les indispositions les plus courantes pouvant affecter le comportement de l'enfant, mais il existe d'autres facteurs physiques plus difficiles à détecter. C'est le cas de l'hyperactivité. Les enfants turbulents et particulièrement les enfants hyperactifs peuvent mettre à rude épreuve la patience des parents et des éducateurs qui en ont la charge. Selon une étude, les caractéristiques de l'hyperactivité (sommeil irrégulier, comportement agité...) peuvent mettre en danger le lien mère-enfant dès l'âge de dix-huit mois. Ces enfants présentent un plus grand risque de devenir les boucs émissaires de parents surmenés. (Weiss, Minde et coll., 1971, p. 404)

Les hyperactifs représentent environ 5% des enfants, ceux-ci comportant, pour des raisons inconnues, trois fois plus de garçons que de filles. Des études récentes attribuent l'hyperactivité à un mauvais fonctionnement des cellules nerveuses. Ces dernières ne sécréteraient pas suffisamment de dopamine, une substance chimique nécessaire à la transmission des informations d'une cellule nerveuse à une autre. Ce dysfonctionnement pourrait être occasionné par une lésion cérébrale, certains médicaments ou une intoxication au plomb, mais semble le plus souvent héréditaire.

Bien qu'il n'y ait pas deux cas identiques, certaines caractéristiques sont communes à tous les enfants hyperactifs. Elles peuvent être plus ou moins marquées et apparaissent en général dès la petite enfance, entre trois et cinq ans. Voici un aperçu des principaux symptômes. Pour ceux qui désirent plus de détails, je vous suggère le livre du Dr Guy Falardeau *Les enfants hyperactifs et lunatiques* (Falardeau, 1992).

1- L'hyperkinétisme

L'hyperactif bouge davantage. C'est un enfant qui ne tient pas en place, qui effectue toutes sortes de mouvements tels que sautiller, se trémousser, gesticuler, remuer des objets durant ses activités. Fait particulier, cette agitation n'est pas utile à l'accomplissement d'une tâche et se manifeste davantage dans les situations routinières, alors qu'elle s'amoindrit dans une situation nouvelle. Près du tiers de ces enfants présentent des troubles du sommeil.

2- Le déficit de l'attention

Ces enfants éprouvent des difficultés à maintenir leur attention dans le temps. Ils seront facilement distraits lors d'une tâche un peu longue, particulièrement si elle est monotone. Chez le jeune enfant de quatre à sept ans, cela peut se traduire par de la difficulté à terminer un casse-tête ou à regarder une émission de télévision. Chez l'enfant plus âgé on remarquera davantage la difficulté à terminer un exercice scolaire.

3- L'impulsivité

Les enfants hyperactifs agissent d'abord et réfléchissent ensuite. Ils peuvent traverser la rue en courant aussitôt que leur en vient l'idée, pour se demander ensuite s'il y avait une voiture. Cette vivacité augmente considérablement les risques d'accidents. Lors d'un désaccord avec un camarade, ils seront prompts à le bousculer pour avoir gain de cause. Les enfants hyperactifs ont de la difficulté à attendre leur tour lors d'un jeu de groupe, le moindre délai leur semble insupportable. Ils ont aussi tendance à s'immiscer dans les conversations des autres sans y avoir été invités.

Ces comportements se traduisent au niveau de la discipline par une opposition accrue aux directives données par leurs parents ou professeurs. Ils exprimeront souvent leur difficulté à se laisser diriger ou leur incapacité à se plier à des exigences pourtant simples en expliquant que "ce sont leurs mains ou leur tête qui désobéit et non eux." Une autre réponse familière aux parents sera le fameux "je ne sais pas" lorsqu'on leur demande pourquoi ils n'ont pas exécuté une tâche.

Le parent d'un enfant hyperactif devra se montrer créatif et varier les interventions disciplinaires plus souvent qu'avec des enfants ordinaires. Par exemple, un enfant hyperactif ne sera pas motivé par une récompense lointaine, son impulsivité l'amenant à considérer presque uniquement les avantages immédiats.

Le diagnostic de l'hyperactivité ne doit pas se faire à la légère. Les troubles doivent être présents depuis au moins douze mois chez un enfant de moins de quatre à six ans et depuis au moins six mois chez un enfant d'âge scolaire. Si vous soupçonnez que votre enfant est hyperactif, consultez un spécialiste, médecin ou pédiatre, qui évaluera soigneusement votre enfant selon des critères définis.

<u>Le jeune qui est agité en classe</u>

L'écolier qui n'a pas déjeuné est plus sujet à être turbulent, agité et désagréable. Il réclame de l'attention et semble être un cas de discipline. Cette situation peut être due à de mauvaises habitudes alimentaires ou être liée au chômage ou à la pauvreté chronique du milieu familial.

<u>L'adolescent qui est agressif</u>

Certaines études ont mis en évidence un lien entre la consommation excessive d'aliments sucrés et l'agressivité chez les enfants et la délinquance chez les adolescents (Schoentaler, 1985, cité par Tremblay,1991, p. 105).

<u>L'adolescent noctambule</u>

D'un point de vue biologique, les transformations rapides du corps de l'adolescent amènent des modifications dans la physiologie de son sommeil. Le sommeil du début de la nuit s'allège, amenant chez certains sujets une difficulté à s'endormir. Il est donc naturel qu'ils ressentent le besoin de dormir plus tard que dans la période prépubertaire. En contrepartie, le sommeil de la deuxième partie de la nuit s'allonge, ce qui se traduit par un réveil plus tardif ou la réapparition épisodique de siestes diurnes. C'est une des raisons qui explique pourquoi les adolescents s'endorment souvent en classe, l'après-midi. Certains parents et enseignants, qui ignorent ces modifications physiologiques, taxent l'adolescent de paresseux, mais il n'en est rien. Assouplir et adapter les habitudes de vie, en permettant au jeune de se coucher plus tard, en le laissant dormir à satiété les fins de semaine et en acceptant une période d'inactivité au retour des classes, apparaît la solution logique à ces changements.

Les soirées entre copains, les sorties qui se prolongent jusqu'à l'aube, les films de fin de soirée et autres habitudes sociales typiques de l'adolescence déphasent le rythme veille-sommeil et peuvent être à l'origine d'un véritable décalage horaire. L'adolescent tente parfois de compenser en prenant des excitants du système nerveux (café, cigarette...) pour "tenir le coup" durant la journée ce qui risque de l'entraîner dans le cercle de la dépendance à ces substances. Les résultats scolaires et son humeur s'en trouvent souvent affectés. Pour éviter cette escalade à votre adolescent, maintenez un horaire régulier durant la semaine, conseillez-lui de supprimer les stimulants en soirée, convenez d'un couvre-feu et autorisez les sorties tardives les samedis ou durant les vacances afin de ménager une période de récupération.

Les besoins affectifs se répercutent aussi sur la conduite

Les émotions se reflètent dans les réactions des individus, pouvant leur donner de l'énergie ou les perturber. L'enfant, comme tout être humain, a besoin de se sentir accepté, compris et respecté par les autres. Il semble évident que, sauf exception, tous les parents aiment leurs enfants. Tous les enfants devraient donc se sentir aimés, ce qui n'est malheureusement pas le cas. L'excellent livre du Dr Ross Campbell, *Comment vraiment aimer votre enfant* (Campbell, 1981), explore les raisons de cet écart. Il nous fait prendre conscience des deux visages de l'amour: conditionnel ou inconditionnel.

L'amour conditionnel est celui qui se retrouve assorti à toutes sortes d'exigences plus ou moins tacites. Cette forme d'amour ne comble que partiellement les besoins affectifs de l'enfant. Plus il y a de conditions, plus l'amour se trouve invalidé subconsciemment, engendrant petit à petit de la frustration, le sentiment de ne pas être aimé et des conduites cherchant à attirer l'attention ou à "gagner" l'amour inconditionnel.

L'amour inconditionnel accepte l'enfant tel qu'il est. Il ne dépend pas de sa beauté, de ses talents ni de sa conduite. L'enfant est aimé parce qu'il est unique, peu importe son apparence ou ses limites. Cet amour fait une distinction entre la personne et son comportement. Le parent fera ainsi sentir à l'enfant qu'il est toujours aimé, même lorsque sa conduite n'est pas appréciée.

Seul cet amour sans réserve procure à l'enfant le sentiment d'être aimé véritablement pour lui-même. Nous exprimons un tel amour lorsque nos interventions correctives ciblent les faits sans juger la personne, en disant par exemple "Ne lance pas tes petites autos!" plutôt que "Tu es un méchant garçon!" ou "Ta suggestion n'est pas réalisable parce que..." plutôt que "Toi et tes idées stupides!" L'amour inconditionnel doit précéder la discipline! Le parent qui a pris le temps d'établir et d'entretenir un bon lien affectif avec son enfant aura beaucoup plus de facilité à le guider dans ses comportements. À l'inverse, le jeune qui ne se sent pas aimé sera plus difficile à diriger.

Le lien affectif qui se tisse entre le parent et l'enfant est donc primordial. Bruno Bettelheim estime que les enfants se forment par réaction à leurs parents et éducateurs: plus ils les aiment, plus ils les imitent, et plus ils intériorisent leurs valeurs. À l'inverse, moins ils les aiment, moins ils les admirent, et plus ils réagissent négativement à ce modèle pour former leur personnalité (Bettelheim, 1988).

La relation affectueuse entre le parent et son enfant doit être nourrie quotidiennement et ne devrait pas être sacrifiée pour une difficulté passagère. Les résultats scolaires, par exemple, sont souvent la source de conflits importants entre les parents et leurs jeunes, hypothéquant les relations, au nom de la sacro-sainte performance! Les problèmes scolaires doivent être abordés dans un esprit d'entraide, après que le climat affectif ait été fortifié et préservé. Le parent avisé cultive ce lien avec son enfant, peu importe son âge. Il ne suffit pas d'aimer, encore faut-il le manifester! Nous aurions beau avoir un océan d'amour pour notre enfant, s'il reste secrètement enfoui dans notre coeur et n'est jamais communiqué, il ne sert à rien.

Pensez à solliciter les sens de la vue, du toucher et de l'audition. Ainsi, une manière simple de témoigner concrètement son amour à son enfant est le regard. Le contact visuel consiste à regarder l'enfant dans les yeux lorsqu'on lui parle dans un contexte positif. Ce contact prouve à l'enfant qu'on lui accorde une attention particulière. Il ne faut pas négliger ce moyen fort simple de témoigner à notre enfant l'affection qu'on lui porte. Les cadeaux servent souvent d'intermédiaires visuels porteurs du message d'amour du donneur.

Passons au sens du toucher. Les contacts physiques sont une autre preuve d'amour que le parent ne doit pas abandonner. Des touchers appropriés peuvent consister en une étreinte, un baiser sur la joue, des câlins, des chatouilles, une petite tape d'encouragement sur l'épaule, tenir la main lors d'une promenade, bercer, ébouriffer les cheveux. Ces démonstrations sont fréquentes dans la petite enfance mais ont souvent tendance à s'espacer lorsque l'enfant grandit. Les parents restent déconcertés quand l'enfant plus âgé se rebiffe face au contact physique. Il est normal que le pré-adolescent et l'adolescent ne soient pas toujours aussi réceptifs que le tout-petit, surtout si le contact physique n'a pas été employé de façon continue. Il n'en demeure pas moins que le besoin d'être aimé de ses parents, et d'avoir des preuves concrètes de cette affection, est toujours présent. C'est aux parents de prendre l'initiative.

L'amour se démontre aussi verbalement: les discussions, les petits surnoms affectueux, les livres que vous lui lisez à haute voix sont autant de contacts verbaux qui enrichissent la relation familiale et créent la proximité. Et, bien sûr, rien ne remplace les mots "je t'aime!"

Consacrer à chaque enfant des moments privilégiés constitue un puissant moyen de lui manifester notre amour. Qu'est-ce qu'un moment privilégié? C'est faire en sorte de pouvoir se retrouver régulièrement seul avec chacun de ses enfants, et de lui accorder alors toute notre attention. Attention! Il n'y a pas de demi-mesure: c'est un tête-à-tête, comprenant un adulte et un enfant et non un adulte avec plusieurs enfants ou deux adultes avec un jeune. Cela exige du temps et de la planification de la part du parent. Mais c'est un des gestes les plus enrichissants que vous pouvez poser pour vous et votre enfant.

La confiance en soi est un autre concept qui se répercute sur le comportement. L'estime de soi est l'idée qu'un individu se fait de ses capacités et de sa valeur personnelle. C'est véritablement le solage de la personnalité: la piètre estime de soi rend tout l'édifice fragile tandis qu'une bonne confiance en soi en assure l'équilibre et favorise l'épanouissement de la personne.

Cette idée que l'on se fait de soi n'est pas innée mais est acquise par l'intermédiaire des réactions positives ou négatives que projette l'entourage de l'enfant à son égard. Il est donc possible de la changer. Même si toute personne ayant un contact prolongé avec votre enfant influence son image du moi - voisins, éducatrices, frères, soeurs, autres enfants, professeurs - l'influence des parents est prépondérante. De nombreux comportements répréhensibles proviennent d'une faible estime de soi.

Exemples

<u>Pour extérioriser votre amour à votre enfant, vous pouvez:</u>

- Lui faire un clin d'oeil complice de temps en temps;

- Vous pencher pour vous mettre à son niveau lorsqu'il vous parle;

- Prendre le temps de jouer avec lui, par exemple lui lire une histoire à haute voix en mettant de l'intonation dans votre voix.

<u>Pour augmenter l'estime de soi de votre enfant:</u>

- Écoutez-le vraiment lorsqu'il vous parle! Il ne s'agit pas de cesser toutes vos activités à longueur de journée pour accueillir le moindre babillage, mais de doser votre attention selon le besoin et de réserver des moments précis dans votre routine quotidienne pour vous rendre totalement disponible aux propos de votre enfant;

- Ne faites pas de taquineries à son sujet s'il ne les apprécie pas;

- Laissez-le répondre lui-même quand un adulte lui pose une question;

- Affirmez votre confiance en ses capacités.

<u>Des idées de moments privilégiés pour votre enfant:</u>

- Lorsque vous faites votre marché, amenez un seul enfant à la fois. Demandez-lui son opinion sur l'achat de certains produits, profitez-en pour écouter ce qu'il veut bien vous raconter ("De quoi as-tu envie de parler?" est la formule magique) et partagez une petite collation de son choix avant de revenir à la maison. Un adulte, un enfant, un peu de prévenance: voilà un moment privilégié!

- Nous avons chez nous une petite tradition: à l'âge de cinq ans, c'est la première sortie dans un vrai cinéma, avec papa ou maman, et avec du maïs soufflé s'il-vous-plaît! Mes enfants comptent ce moment privilégié unique parmi leurs plus beaux souvenirs. Ils se rappellent encore le titre du premier film qu'ils ont vu sur grand écran, l'ambiance, l'excitation et... la joie d'avoir un de leurs parents pour eux tout seuls pendant tout un après-midi!

- Si vos enfants vivent des sentiments de jalousie, multipliez-les moments privilégiés. La jalousie est une émotion négative qui provient d'un sentiment de moindre valeur. Des moments privilégiés réguliers à chacun de vos enfants sont un excellent antidote à la jalousie et à la rivalité;

- Amenez-le visiter votre lieu de travail.

Pour montrer concrètement votre amour à votre jeune:

- Laissez régulièrement un petit message dans sa boîte à lunch, sous son oreiller ou sur la porte du réfrigérateur;

- Surprenez-le en lui offrant un petit bouquet de fleurs;

- Prenez-le dans vos bras ou faites-lui une bise au moins une fois par jour;

- Faites un montage de photos le représentant et affichez-le;

- Organisez une fête d'anniversaire en son honneur.

Pour développer l'estime de soi de votre jeune:

- Présentez-le à des invités. Enseignez-lui auparavant la façon adéquate de répondre en ces circonstances;

- Soulignez ses progrès, mais aussi ses efforts;

- Ne craignez pas de présenter vos excuses quand vous regrettez sincèrement un de vos gestes ou une de vos paroles.

Des idées de moments privilégiés pour votre jeune:

- Transformez les trajets en voiture où vous êtes seul avec un jeune pour le reconduire à son cours de natation, de piano ou de karaté en moments privilégiés. Écoutez avec lui sa musique ou discutez ensemble d'un sujet de son choix;

- Le moment du coucher se prête bien à l'implantation de moments privilégiés assidus. Voici comment je procède: chacun de mes enfants peut se coucher vingt minutes plus tard que l'heure habituelle, une fois par semaine, pour une rencontre parent-enfant. Parfois cela va aux deux semaines quand je suis trop occupée, mais j'essaie de ne pas déroger en bas de cette fréquence. À tour de rôle, ils ont leur temps supplémentaire, en privé dans leur chambre, dans le salon ou tout autre endroit où nous pouvons être tranquilles. Le tout-petit de quatre ans réclame la lecture d'une histoire ou me demande de lui chanter ses chansons favorites. L'enfant de six ans préfère me faire admirer sa dernière réalisation avec les blocs de constructions et m'en expliquer tous les détails. Ma fille de douze ans aime bien me raconter sa vie à l'école ou m'entretenir de ses projets. Mon fils de treize ans choisit habituellement une partie de dames ou philosophe avec moi;

- Une fois par année, faites la tournée des magasins avec votre jeune pour lui acheter de nouveaux vêtements ou les fournitures scolaires ... toujours avec un enfant à la fois! C'est SA journée où on renouvelle SES affaires.

Le jeune qui n'est pas attrayant physiquement

Une étude de Karen Dion (Dion, 1972) a démontré que l'apparence de l'enfant pouvait influencer l'attitude disciplinaire de l'adulte. Ainsi, devant une même faute commise par deux enfants, l'adulte avait tendance à réagir plus sévèrement avec l'enfant moins favorisé par la nature. De même, lorsqu'on présente une série de photos d'enfants à des adultes en leur demandant de désigner celui qui se conduit probablement mal en classe, c'est presque toujours un enfant laid qu'ils choisissent. Voilà des résultats qui donnent à réfléchir! Prenez garde de ne pas vous laisser influencer de la sorte par ce genre de préjugé.

L'adolescent qui s'éloigne de sa famille

Le sentiment d'appartenance à un groupe social participe à un sentiment de bien-être. Le parent peut entretenir "l'esprit de clan" familial
en instituant dans sa famille des rites ou des traditions, qu'il s'agisse
du repas du dimanche ou de la sortie annuelle au parc d'attraction. Les
projets familiaux auxquels on intègre le jeune en sollicitant sa participation et ses suggestions créent une complicité et favorisent le dialogue. Ces activités communes renforcent les liens familiaux.

L'adolescent qui accepte mal le contact physique

Face à l'adolescent qui accepte mal le contact physique, il faut être
patient et y aller par petites doses, en augmentant progressivement les
contacts. On peut lui proposer de masser ses pieds ou ses jambes
lorsqu'il a des douleurs de croissance, jouer à "bras de fer" avec lui,
coiffer ses cheveux sous le séchoir, placer l'étiquette de son chandail,
le frôler lorsqu'on passe à côté de lui, etc. Les enfants agressifs
peuvent redouter le contact physique. Selon Jacques Hébert:

"Plusieurs jeunes agressifs sont marqués par une histoire de violence
où la main qui s'approche n'est pas toujours synonyme de réconfort et
de chaleur humaine. Les jeunes victimes ou témoins de scènes
régulières de violence peuvent donc réagir assez brutalement à ce
genre d'intervention... (Le contact physique) ne devrait pas s'effectuer
par derrière, ce qui peut susciter chez le jeune un effet de surprise
associé à la crainte et au besoin de se protéger malgré la bonne
intention derrière le geste." (Hébert, 1991, p. 110)

Pour consolider l'estime de soi de votre adolescent:

- Respectez son intimité en ne lisant pas son journal intime ou son
  courrier sans son autorisation, en frappant à sa porte de chambre
  avant d'entrer et en n'espionnant pas ses appels téléphoniques;

- Affirmez que vous êtes fier de votre adolescent;

- Sollicitez son avis sur l'issue d'un match sportif, la décoration, etc.

Les besoins de sécurité et la discipline

La discipline assure d'abord une sécurité physique à l'enfant en le protégeant de la conséquence de certains comportements dont il ne comprend pas la portée, et comble un sentiment de sécurité émotionnelle, en introduisant la possibilité de prévoir ce qui va se passer dans certaines situations. Le jeune est rassuré par les routines et les événements répétitifs qui lui permettent de se situer dans le temps.

La discipline permet également à l'enfant d'acquérir des aptitudes pro-sociales. Etre poli avec les autres, attendre son tour dans une file, respecter les règles d'un jeu, ne pas agresser d'autres personnes, savoir formuler adéquatement une demande, acquérir une bonne maîtrise de soi sont autant de comportements qui sont enseignés au travers des pratiques de la discipline. Une carence dans ce domaine peut entraîner des mauvaises habitudes de retards, de négligence, de non-respect des besoins des autres ou de désorganisation générale, ce qui ne constitue pas des qualités attachantes pour les amis, les enseignants ou les employeurs! La discipline participe donc à l'adaptation sociale en enseignant les règles élémentaires de la vie en société.

Le fait même que les êtres humains vivent en groupes sociaux implique la nécessité de certaines règles. La famille est un groupe social. Il est essentiel qu'elle ait des règles permettant à chacun de voir ses besoins satisfaits sans que ceux des autres soient pour autant bafoués. En outre, la tâche de la famille est d'introduire les enfants dans une société réglementée. Une discipline intelligente aide l'enfant à aller de l'égocentrisme à l'altruisme, de la dépendance à l'indépendance, de l'impulsivité à la maîtrise de soi, du principe de plaisir au principe de réalité. En résumé, les balises permettent à l'enfant d'explorer le monde sans s'exposer à des dangers, d'apprendre des comportements sociaux adéquats pour entrer en relation avec les autres et de développer son autonomie progressivement. C'est ainsi que la discipline, acte éducatif imposé par l'extérieur au départ, devient petit à petit une expérience intérieure que l'on appelle "l'autodiscipline".

Exemples

L'enfant qui a du mal à accepter l'heure du coucher

Le tout-petit de deux ans est particulièrement tatillon en ce qui concerne les routines, au point de les transformer en de véritables rituels. L'heure du coucher est plus facilement apprivoisée lorsque les préparatifs se déroulent toujours dans le même ordre. Le fait de pouvoir prévoir exactement ce qui va se passer à ce moment important de la journée aide l'enfant à contrôler son anxiété, à identifier son besoin de sommeil et à accepter d'y répondre.

L'enfant qui ne peut s'endormir seul et / ou qui se réveille la nuit

L'enfant en bonne santé, de plus de dix-huit mois, qui a développé la mauvaise habitude de réveiller la maisonnée six fois par nuit depuis des mois, peut amener le parent le mieux intentionné au bord de l'épuisement et de la crise de nerfs! Le sens commun nous dit que si ces réveils fréquents sont causés par un malaise physique, on doit d'abord traiter ces problèmes. De même, si le réveil est causé par un cauchemar, le parent rassurera l'enfant avant de le recoucher. Après vous être assuré que les réveils intempestifs ne sont pas le symptôme d'un problème physique ou émotionnel, révisez d'abord les conditions d'endormissement.

L'enfant a-t-il développé une association entre l'endormissement et un objet ou une personne? Toujours s'endormir en tétant une sucette, c'est être dépendant de cet objet et donc risquer un réveil la nuit parce que cet objet ne sera plus à la portée... donc dépendant des parents pour la remettre en place. De même, toujours s'endormir en tenant la main d'une personne, c'est être dépendant de cette main... Le programme de rééducation consiste à:

1- Respecter le rituel du coucher qui doit être tendre, câlin;

2- Expliquer à l'enfant le changement que vous allez introduire. Dire "Maintenant, ça suffit! Tu as besoin de dormir et nous aussi. Tu es assez grand pour t'endormir seul (ou dormir seul). À partir de maintenant, je ne viendrai plus me coucher avec toi chaque fois que tu cries (ou toute autre exigence que l'enfant a associée à l'endormissement). Tu es capable de dormir seul. Tu n'as pas besoin de crier: nous sommes là, dans notre lit et nous dormons. Bonne nuit, à demain." Quitter la pièce;

3- Si l'enfant pleure et appelle, attendre cinq minutes, bien minutées. S'il ne s'est pas calmé, le rassurer verbalement à distance, lui dire que vous êtes là, qu'il ne risque rien, qu'il peut s'endormir seul et qu'il doit dormir! On pourrait aussi le sécuriser en allant lui parler dans sa chambre à la condition de ne pas éclairer, de ne pas le prendre et de rester au maximum soixante secondes. Compter dix minutes avant de répéter le message verbal et ainsi de suite (quinze minutes, vingt minutes, etc.), jusqu'à ce que l'enfant trouve le sommeil. Cette intervention doit être faite par les deux parents, en alternance, si c'est possible. La fermeté est essentielle! Les hésitations, les retours en arrière, les abdications contribuent à l'échec. Si vous n'êtes pas vraiment décidé, ou si cela vous apparaît trop dur, n'entreprenez pas ce programme;

4- Si l'enfant se lève et se promène, le reconduire dans son lit aussitôt en répétant "C'est maintenant le temps de dormir. Tu est capable de dormir dans ton lit" ou "Tu peux t'endormir seul";

5- Si un autre enfant dort dans la même chambre, le faire dormir dans une autre pièce, le temps du programme de rééducation;

6- Si l'enfant se réveille la nuit pour réclamer sa sucette ou manifester son mécontentement d'être seul dans son lit, répéter l'étape 3. Bien entendu, on agira différemment si la cause de l'éveil est un cauchemar;

7- Lorsque la conduite de l'enfant s'améliore, le féliciter le lendemain et valoriser cette nouvelle autonomie.

Le jeune agressif

La pratique de la discipline favorise l'acquisition d'une bonne maîtrise de soi. Le Dr Michel Maziade écrit:

> "Des études suggèrent que des règles fermes concourent à un meilleur développement intellectuel et qu'un manque de discipline semble davantage associé à la délinquance ou aux comportements agressifs chez l'enfant." (Maziade, 1988, p. 35)

L'adolescent qui est attiré par des groupes radicaux

L'encadrement disciplinaire est nécessaire tout au long du développement du jeune. Il ne faut donc pas abandonner les rênes à l'adolescence, malgré les protestations! Dans un article intitulé "Ma fille, néo-nazi", Roland Laroche, du CSS du Montréal Métropolitain, attribue la montée de l'extrême droite chez les jeunes à une éducation trop permissive:

> "Souvent, les jeunes qui adhèrent à ces groupes radicaux n'ont pas intégré la notion de "limites". Pour eux, tout est négociable. Ils ont vécu une relation d'égal à égal avec leurs parents. Ce qu'ils n'ont pas reçu dans la famille, c'est à dire la loi et l'ordre, ils le trouvent dans ces groupes. C'est un monde rassurant et sécurisant." (Revue Châtelaine, mai 1993, p. 42)

Comment discerner les différents besoins

Bien des conduites dérangeantes constituent une sorte de langage construit avec des gestes et des agissements plutôt qu'avec des mots. Plus l'enfant est jeune, plus la communication se fait par des messages non verbaux plutôt que par la parole. Le parent ou l'éducateur doit apprendre à décoder ce langage en acte, à relier la conduite à des mots et à le transposer en terme de besoins. Il devra également faire la différence entre les besoins et les désirs. Les besoins sont nécessaires à la survie ou à l'évolution de l'individu tandis que les désirs sont reliés au rêve, à l'imaginaire.

C'est à l'adulte de décrypter les mobiles profonds et d'intervenir en terme de réponse à ces exigences, en envisageant les causes physiques et affectives avant les besoins de discipline. Cela n'est pas toujours limpide, plusieurs besoins pouvant être entremêlés dans un même comportement indésirable. Interrogez-vous: Que veux dire l'enfant par son comportement inadapté? De quoi cet enfant a-t-il besoin? Quand cela a-t-il débuté? S'est-il passé quelque chose de particulier à ce moment-là? Le comportement est-il relié à un besoin physique? S'agit-il d'une façon d'attirer votre attention?

Un signe souvent révélateur permettant de nuancer le besoin affectif du besoin de discipline est que le premier se présente plus souvent de façon ponctuelle, inattendue et intermittente tandis que le second se manifeste régulièrement. Un écart de conduite inhabituel, un changement soudain dans les habitudes exprime éventuellement un désordre affectif, tandis que celui qui répète régulièrement un comportement inadapté présente possiblement une lacune au niveau de la discipline. Quant aux désirs, ils ont d'abord besoin d'être reconnus à l'aide d'une parole structurante.

Les énergies que vous investirez dans cette clarification des besoins permettront une résolution plus rapide des problèmes et vous éviteront d'éroder inutilement le lien affectif que vous avez établi avec votre enfant.

Exemples

Le jeune qui change soudainement de comportement

Un événement particulier peut être à l'origine d'un changement de comportement inopiné. Soyez à l'écoute de votre enfant! La juge Andrée Ruffo raconte:

> "Une mère me disait: "Vous savez, c'était une enfant de rêve jusqu'à l'âge de 11 ans! Elle était première de classe! Et, *tout d'un coup*, elle a changé! Tout d'un coup, elle est devenue agressive et a commencé à fuguer. Tout d'un coup, je ne la reconnaissais plus, elle sortait la nuit!" À l'enfant je demandais: "Que s'est-il passé dans votre vie? Prenez le risque de dire ce qui vous est arrivé." Et dans la plupart des cas, le "tout d'un coup" prenait forme, signifiait quelque chose de précis...Une brisure, un abandon, une agression, un nouveau conjoint dans la famille...Le "tout d'un coup" devenait un ou des événements qui avaient chamboulé l'univers de l'enfant." (Ruffo, 1993, p. 76)

Exercez-vous à discerner les véritables sources d'une conduite désagréable. On peut découvrir que:

- Celui qui frappe les autres enfants ne sait pas comment exprimer sa frustration autrement (besoin de discipline);
- Celle à qui il faut tout répéter a l'impression de ne pas compter pour personne. Elle force ainsi inconsciemment l'attention des autres (besoin affectif);
- Celui qui n'étudie pas n'a développé aucune méthode de travail (besoin de discipline);
- Celle qui ne veut pas collaborer en classe n'a pas déjeuné (besoin physique);
- Celle qui ne range pas sa chambre n'a aucune envie de le faire parce que cela représente trop de travail et que cela redevient vite en désordre. Elle est donc découragée avant même d'entreprendre la tâche (besoin affectif) et n'a aucune idée de la manière de maintenir l'ordre (besoin de discipline).

L'enfant qui taquine son frère ou sa soeur

Les taquineries continuelles, les provocations agaçantes et les chamailleries peuvent traduire un sentiment de jalousie envers un autre enfant perçu comme un rival. Le facteur affectif de cette conduite peut être traité par la parole: ("Que veux-tu dire à ta soeur en faisant cela?", "Tu as l'impression que je t'aime moins que ton frère?"). Consultez la section sur les techniques d'écoute (p. 106) qui sont particulièrement indiquées dans ce cas. De plus, le parent veillera à multiplier les moments privilégiés (voir définition p. 21) pour chacun des enfants impliqués dans ce conflit.

L'oisiveté est une autre cause possible des taquineries déplaisantes. Aidez alors l'enfant qui harcèle à se trouver une activité. Les besoins de discipline associés à ce comportement désagréable seront gérés en montrant à l'enfant taquin comment exprimer ses frustrations de manière acceptable. Des directives claires devront être énoncées à cet effet et suivies d'une supervision adéquate.

L'enfant qui réclame l'achat d'un chat, d'une piscine ou autre demande irrecevable

L'enfant qui réclame un chat ou une piscine exprime davantage un désir qu'un besoin réel. Les explications rationnelles ("Tu sais bien que le propriétaire nous interdit d'avoir un chat dans cet appartement" ou "Nous n'avons pas assez d'argent pour acheter une piscine"), les cris exaspérés ("Il n'en est pas question!", "N'y pense plus!") s'avèrent les plus souvent inefficaces car ils ne rejoignent pas les sentiments de l'enfant qui doit renoncer à son désir. Employez l'écoute active "Tu es déçu que l'on ne puisse acheter ce petit chat.") telle que décrite en p. 106.

CHAPITRE 2 - ANALYSEZ VOTRE STYLE DE DISCIPLINE

CHAPITRE 2 - Analysez votre style de discipline

Chaque parent agit en fonction de ses expériences antérieures, de son tempérament et de l'idée qu'il se fait de ce qui est bon pour son enfant. Il peut répéter le type de relation instauré par ses propres parents, agir de manière à faire exactement le contraire de ce qu'il a vécu ou forger à partir de lectures ou de l'influence d'autres personnes, une approche nouvelle ou différente.

Parmi les nombreuses écoles de pensée qui existent en matière de gestion disciplinaire, certaines tendances communes rassemblent plusieurs modèles. L'approche interventionniste postule que les causes de l'inconduite sont extérieures à l'enfant, ce dernier ne faisant que réagir passivement aux stimuli du milieu. Le parent ou l'éducateur pose ainsi de fréquents actes de contrôle dans le but d'influencer, de stimuler ou de modifier positivement ou négativement le comportement du jeune. On retrouve ici la pensée behavioriste ou comportementale.

La vision non-interventionniste estime que l'enfant possède une personnalité foncièrement bonne qui se développera harmonieusement si l'adulte ne fait pas obstacle au développement naturel de l'enfant. Les facteurs auxquels l'enfant réagit sont donc internes. Les interventions de l'éducateur doivent être réduites au minimum et remplacées par une qualité de communication et d'écoute qui aide l'enfant à résoudre ses problèmes par lui-même. On reconnaît ici les approches humaniste et fonctionnaliste.

Le courant de pensée interactionniste met l'accent sur les influences à la fois internes et externes qui agissent sur l'enfant. Le parent encadre le jeune tout en tenant compte de sa personnalité et de son développement.

Ces tendances disciplinaires peuvent être illustrées à l'aide de l'axe suivant (Glickman et Wolfgang, 1986):

<———Facteurs externes————————Facteurs internes———>
<—Interventionnisme–Interactionnisme–Non-interventionnisme—>

Test "Quelles tendances influencent votre style disciplinaire?"

Ce test a pour but de déceler la principale tendance qui domine votre style disciplinaire présentement et de susciter une réflexion personnelle. Sa valeur est plutôt indicative. Le test est divisé en quatre sections:

Section 1 - Votre enfant a entre 2 et 6 ans;
Section 2 - Votre enfant a entre 7 et 12 ans;
Section 3 - Votre enfant a entre 13 et 17 ans;
Section 4 - Vous êtes éducateur (trice) de garderie.

Choisissez la ou les sections qui correspondent à votre situation. Pour chaque question, répondez en entourant le chiffre (1, 2, 3, 4 ou 5) qui exprime le mieux votre réaction dans la situation proposée.

SECTION 1 - VOTRE ENFANT A ENTRE 2 ET 6 ANS

A- Vous vous préparez à aller au cinéma mais votre fils de deux ans vous fait une scène au moment du départ:
1) Vous le chicanez avant de partir;
2) Vous annulez votre sortie;
3) Vous lui expliquez la situation, lui montrez à faire des au-revoir par la fenêtre, le confiez à votre gardienne et partez;
4) Vous prolongez le moment du départ en tentant d'avoir son accord avant de le quitter pour vous sentir moins coupable;
5) Vous vous éclipsez en vous disant que c'est à la gardienne de s'en occuper.

B- Le moment du coucher, c'est:
1) Vite expédié;
2) Le temps du dorlotement;
3) Un petit rituel bien organisé;
4) L'heure des négociations;
5) L'enfer!

C- Votre enfant saute sur votre divan:
1) Vous le réprimandez ou le punissez;
2) Vous vous dites qu'il est trop petit pour comprendre et n'intervenez pas;
3) Vous répétez fermement la consigne et intervenez s'il ne réagit pas;
4) Vous entamez une discussion avec lui;
5) Vous protestez faiblement mais ne faites rien s'il continue.

D- Votre enfant de quatre ans fait une crise dans un magasin parce qu'il veut un gadget ou des bonbons:
1) Vous le punissez immédiatement;
2) Vous le lui achetez car vous trouvez qu'il fait pitié;
3) Vous l'amenez à l'écart et lui faites comprendre que s'il veut retourner magasiner, il faut qu'il apprenne à bien se conduire;
4) Vous parlementez avec lui pour le raisonner;
5) Vous continuez de magasiner comme si de rien n'était.

E- Vous dites des compliments à votre enfant:
1) Rarement;
2) Une fois de temps en temps;
3) Souvent;
4) Tout le temps;
5) Jamais.

F- Ce qui vous préoccupe le plus dans une journée c'est:
1) Que votre enfant soit obéissant;
2) Qu'il n'arrive aucun accident;
3) Que vous et votre enfant soyez heureux;
4) Que votre enfant ne soit pas contrarié;
5) Que la journée passe vite.

G- Vos deux enfants se querellent pour un jouet:
1) Vous confisquez le jouet;
2) Vous donnez le jouet au plus petit;
3) Vous organisez une rotation du jouet;
4) Vous leur dites de partager;
5) Vous les laissez se débrouiller.

H- Pour vous un enfant, c'est d'abord:
1) Un être primitif qu'il faut dompter;
2) Un être fragile qu'il faut protéger;
3) Une personne en développement;
4) Un adulte en miniature;
5) Un paquet de troubles!

I- Votre enfant vous interrompt pour une vétille pendant que vous parlez à un autre adulte d'une chose importante:
1) Vous lui dites de s'en aller;
2) Vous le cajolez tout en continuant de parler à l'autre adulte;
3) Vous lui demandez de revenir vous voir dans cinq minutes;
4) Vous cessez de parler à l'adulte et lui accordez toute votre attention aussi longtemps qu'il n'a pas fini;
5) Vous ne vous en occupez pas.

SECTION 2 - VOTRE ENFANT A ENTRE 7 ET 12 ANS

A- Quand vous assignez une tâche à votre jeune:
   1) Il le fait toujours, sinon gare aux conséquences!
   2) Une fois sur deux il s'en sauve en se plaignant;
   3) Il le fait la plupart du temps avec bonne humeur;
   4) Il récrimine, revendique et négocie avant de le faire;
   5) Il le fait parfois, lorsque ça fait son affaire.

B- Votre fille se montre impertinente avec vous:
   1) Vous lui faites un sermon ou lui retirez la permission d'aller chez son amie;
   2) Vous l'excusez en vous disant qu'elle doit être fatiguée;
   3) Vous lui dites de reprendre sa phrase plus poliment ou d'aller se calmer dans sa chambre avant de poursuivre la discussion;
   4) Vous lui répondez sur le même ton;
   5) Vous encaissez l'effronterie sans dire un mot.

C- Votre fils revient à la maison avec quelques égratignures et son chandail déchiré, votre première réaction est:
   1) De le gronder;
   2) De courir à l'hôpital;
   3) De demander "Que s'est-il passé?";
   4) De trouver les coupables;
   5) De dire "Ce n'est pas grave!"

D- Votre fille de douze ans veut distribuer des journaux pour avoir plus d'argent de poche:
   1) Vous faites les tournées avec elle pour vous assurer qu'elle respecte ses engagements;
   2) Vous lui donnez plus d'argent de poche à la place car vous estimez trop dangereux qu'elle se promène seule le matin;
   3) Vous encouragez cette initiative et vous l'aidez à s'organiser;
   4) Vous la laissez libre de faire ce qu'elle veut;
   5) Vous n'y voyez pas d'inconvénient si elle ne salit pas la maison.

E- L'enseignante de votre enfant appelle pour vous dire qu'il éprouve des difficultés en classe:
   1) Vous entamez un programme d'étude avec votre enfant;
   2) Vous pensez qu'elle ne doit pas aimer votre enfant;
   3) Vous discutez de la situation avec elle et avec votre enfant et convenez tous ensemble d'un plan d'action;
   4) Vous vous sentez coupable et faites appel au meilleur spécialiste;
   5) Vous lui dites que c'est son travail et qu'elle n'a qu'à s'en charger.

F- Votre enfant de plus de neuf ans:
   1) Doit faire son lit impeccablement chaque jour;
   2) N'a jamais à faire son lit puisque c'est vous qui le faites;
   3) Fait son lit assez bien presque tous les jours;
   4) Fait son lit quand cela lui tente;
   5) Ne fait jamais son lit.

G-Vous supervisez les devoirs et leçons:
   1) Tous les soirs;
   2) Régulièrement;
   3) Souvent;
   4) Rarement;
   5) Jamais.

H- Votre enfant estime qu'il peut se coucher plus tard désormais:
   1) Il n'en est pas question!;
   2) Vous craignez qu'il soit trop fatigué le matin;
   3) Vous discutez et acceptez un compromis raisonnable;
   4) Vous laissez votre enfant fixer cette limite lui-même;
   5) Vous protestez tout en sachant que de toute manière votre jeune est déjà champion pour retarder l'heure du coucher.

I-Votre jeune ne veut pas mettre des vêtements adéquats pour la saison:
   1) Vous l'habillez, de force s'il le faut!
   2) Vous jouez sur les sentiments "Pour me faire plaisir...";
   3) Vous exigez un minimum et lui laissez décider du reste;
   4) Vous le laisser libre de faire ses expériences;
   5) Parfois vous insistez, d'autres fois vous abandonnez.

SECTION 3 - VOTRE ENFANT A ENTRE 13 ET 17 ANS

A- Votre adolescent invite des amis à la maison:
1) Vous les surveillez de près;
2) Vous leur préparez des gâteries;
3) Vous demeurez dans la maison et faites confiance à votre jeune;
4) Vous vous joignez à la bande et essayez d'avoir l'air "cool";
5) Vous en profitez pour sortir.

B- Votre fille veut une coupe de cheveux "iroquoise":
1) Vous le lui défendez;
2) Vous voulez savoir qui a eu cette mauvaise influence sur elle;
3) Vous négociez pour en arriver à un compromis acceptable;
4) Vous trouvez cela très original!
5) Vous vous dites que c'est la crise de l'adolescence et qu'il n'y a rien à faire.

C-Votre adolescent fréquente des camarades douteux:
1) Vous lui défendez de les voir;
2) Vous imaginez le pire et vous vous inquiétez;
3) Vous discutez avec lui en apportant des faits précis et l'incitez à être plus critique;
4) Vous considérez qu'il est libre de choisir ses amis;
5) Vous misez sur le temps pour arranger les choses.

D- Vous découvrez que votre enfant de treize ans subtilise de l'argent dans votre portefeuille:
1) Vous lui faites un sermon sur l'honnêteté;
2) Vous lui dites que vous êtes déçue de lui;
3) Vous lui expliquez que c'est du vol, recherchez ses motifs et agissez en fonction des causes;
4) Vous lui octroyez une augmentation de son argent de poche;
5) Vous le laisser faire ou vous cachez votre argent.

E- Votre jeune a un bulletin catastrophique:
1) Vous le confinez à sa chambre chaque soir pour le forcer à étudier;

2) Vous dénigrez ses professeurs;

3) Vous cherchez avec lui de l'aide ou des solutions pour que ses résultats s'améliorent;

4) Vous l'encouragez à redoubler d'efforts;

5) Vous êtes découragé et ne savez pas quoi faire.

F- Votre jeune laisse traîner ses effets personnels partout dans la maison:

1) Vous criez et sermonnez;

2) Vous ramassez tout derrière lui;

3) Vous lui faites part de vos exigences et instaurez un système d'encouragement;

4) Vous essayez d'être compréhensif;

5) Vous lui demandez de temps en temps de l'aide.

G- Votre adolescent:

1) Est docile ou au contraire révolté;

2) Est champion dans le chantage affectif;

3) N'a que des sautes d'humeur normales;

4) Est blasé ou difficile à satisfaire;

5) Est si agressif que vous en avez parfois peur.

H-Quand c'est le temps des vacances:

1) Vous seul décidez de la destination;

2) Vous demandez à votre jeune où il a envie d'aller;

3) Vous prenez une décision en famille;

4) Vous prenez des vacances chacun de votre côté;

5) Votre adolescent vous impose son choix.

I- Lorsque votre adolescent sort le soir:

1) Vous lui assignez un couvre-feu strict;

2) Vous vous inquiétez tant qu'il n'est pas revenu;

3) Vous convenez avec lui d'une heure approximative pour son retour ;

4) Vous le laissez libre de rentrer quand il le désire;

5) Vous lui demandez de ne pas rentrer trop tard.

SECTION 4 - VOUS ÊTES ÉDUCATEUR (TRICE) DE GARDERIE

A- Lorsqu'un enfant dérange tout le groupe en se déplaçant continuellement:
   1) Vous le réprimandez ou le punissez;
   2) Vous vous dites qu'il est trop petit pour comprendre;
   3) Vous répétez fermement la consigne;
   4) Vous entamez une discussion avec lui;
   5) Vous le tolérez et ne dites rien.

B- Un enfant de deux ans fait une crise de colère:
   1) Vous le privez de dessert;
   2) Vous le plaignez;
   3) Vous le mettez à l'écart un instant pour qu'il se calme;
   4) Vous tentez de le raisonner;
   5) Vous cédez à sa demande.

C- Pensez à un enfant difficile. Vous lui dites des compliments:
   1) Rarement;
   2) Une fois de temps en temps;
   3) Souvent;
   4) Tout le temps;
   5) Jamais.

D- Votre relation avec les enfants que vous côtoyez est basée sur:
   1) L'autorité;
   2) La protection;
   3) Le respect;
   4) Le dialogue et la négociation;
   5) La loi de la jungle.

E- Un enfant est particulièrement agressif avec les autres:
   1) Vous lui menez la vie dure!
   2) Vous pensez qu'il doit manquer d'affection à la maison;
   3) Vous en parlez avec les parents et consultez des gens plus expérimentés;

4) Vous négociez avec l'enfant pour qu'il s'amende;

5) Vous demandez à ce qu'il soit changé de groupe.

F- Deux enfants se querellent pour un jouet:

1) Vous confisquez le jouet;

2) Vous donnez le jouet à votre préféré;

3) Vous proposez de jouer avec eux ou organisez une rotation du jouet;

4) Vous leur dites de partager;

5) Vous les laissez se débrouiller.

G- Ce qui vous préoccupe le plus dans une journée c'est:

1) Que les enfants soient obéissants;

2) Qu'il n'arrive aucun accident;

3) Que les enfants soient heureux;

4) Que les enfants apprenent le plus de choses possible;

5) Que la journée passe vite.

H- Un enfant rapporte continuellement les faits et gestes des autres:

1) Vous l'écoutez toujours et disputez les enfants dénoncés;

2) Vous le plaignez et lui dites que les autres ne sont pas gentils;

3) Vous lui enseignez en quoi consiste un rapportage valable et ignorez les autres types de mouchardage;

4) Vous l'écoutez et l'assurez qu'il peut régler ses problèmes lui-même;

5) Vous ne vous en occupez pas.

I- Un enfant refuse de participer à un jeu ou une activité de groupe:

1) Vous l'obligez à faire comme les autres;

2) Vous l'occupez à un autre jeu;

3) Vous trouvez une manière de le motiver;

4) Vous le laissez libre de faire ce qu'il veut;

5) Vous l'ignorez.

Interprétation du test

Comptez le nombre de fois où vous avez entouré chaque chiffre et notez le résultat ici:

Nombre de "1" = _____
Nombre de "2" = _____
Nombre de "3" = _____
Nombre de "4" = _____
Nombre de "5" = _____

Le chiffre qui revient le plus souvent correspond à votre style majeur de discipline, celui que vous utilisez le plus souvent. Le deuxième chiffre en terme de fréquence est votre style associé de discipline, celui que vous employez de temps à autre ou lorsque le premier ne donne pas des résultats satisfaisants. Ces chiffres correspondent à:

Le "1" = le parent militaire;
Le "2" = le parent couveur;
Le "3" = le parent coach;
Le "4" = le parent copain;
Le "5" = le parent décrocheur.

Ces termes ne doivent pas être pris dans un sens péjoratif; ce ne sont que des métaphores illustrant les différentes tendances disciplinaires. La littérature abonde en qualificatifs tels que les types autoritaire, permissif et directif (Baumrid, 1971), les styles autocratique, démocratique et libéral, etc. Voici comment ces différents styles peuvent être représentés sur un axe:

<— Interventionnisme—Interactionnisme—Non-interventionnisme—>
<—Militaire—Couveur——Coach——Copain——Décrocheur—>

Rappelez-vous que ces styles ne sont pas cloisonnés: il s'agit d'un continuum, avec toutes les gradations que cela implique. On peut ainsi avoir un parent militaire très rigide qui se situe à l'extrême gauche de cet axe et un autre plus modéré qui se rapproche du type couveur.

À quel endroit vous situez-vous sur l'axe:

<—Militaire—Couveur——Coach——Copain——Décrocheur—>

Vous sentez-vous à l'aise dans ce style de discipline?_____

Obtenez-vous des changements positifs et durables (à moyen et long terme et non seulement à court terme) dans le comportement de votre enfant? _____

Les liens affectifs entre vous et votre enfant sont-ils aussi satisfaisants qu'il y a quelques années (ou quelques mois pour un tout-petit)?

_____

Si vous avez répondu "non" à l'une ou plusieurs des questions ci-dessus, cela indique que vous devriez envisager des modifications dans votre style disciplinaire.

À présent, rappelez-vous le style disciplinaire employé par chacun de vos parents. Comment les situez-vous sur l'axe:

Votre père:
<—Militaire—Couveur——Coach——Copain——Décrocheur—>
Votre mère:
<—Militaire—Couveur——Coach——Copain——Décrocheur—>

Considérez-vous que cette approche était valable?_____

Avez-vous adopté le même style disciplinaire que vos parents ou l'un de vos parents?_____

Votre style disciplinaire est-il exactement à l'opposé de celui que vous avez vécu avec vos parents?_____

1. Le parent militaire

Ses caractéristiques

Le parent qui adopte un style militaire aime avoir le contrôle de toutes les situations et s'appuie pour y arriver sur les concepts de l'obéissance et de la maîtrise de soi. Les interventions sont nombreuses et à tout propos, les cris, les ordres et les injonctions, sont fréquents. Ce parent fait appel à l'occasion à la peur pour arriver à ses fins, désignant une personne dans le rôle du "méchant" (la police, la dame...) ou perpétuant des mythes comme celui du Bonhomme Sept-heures.

Le parent militaire estime qu'il faut "casser" le mauvais caractère de l'enfant et le mouler à l'image qu'il se fait de l'enfant sage. La pression, les contraintes, la punition et la récompense sont ses armes favorites pour asseoir son pouvoir. L'enfant est perçu comme un être passif à qui on doit toujours dire quoi faire et comment le faire. Le parent sait tout et l'enfant ne sait rien, ce qui établit une relation verticale du parent vers l'enfant. Le parent militaire a une attitude rigide et n'a pas tendance à remettre en question ses méthodes.

Les prémisses de ce système sont bonnes: les enfants ont besoin de règles. Tout est question de dosage et de façon de les appliquer! Claude Tedguy fait remarquer avec justesse que:

> "Quand les enfants se révoltent, c'est au moins la preuve qu'il y avait quelque chose à contester, que les parents se sont "mouillés"." (Tedguy, 1988, p. 110)

Une réaction fréquente des enfants éduqués dans ce style

L'adaptation de l'enfant à ce style disciplinaire dépend de son tempérament. L'enfant au caractère docile s'intégrera à ce système de discipline. Il sera soumis, propre, obéissant et conforme aux normes parentales, au détriment de sa spontanéité. La curiosité intellectuelle, l'esprit d'initiative et la créativité sont atténués par ce mode de discipline. L'enfant à la forte personnalité sera par contre rebelle face aux multiples contraintes. Son comportement confrontera constamment le parent, obligeant ce dernier à durcir davantage ses positions. Parfois on observe les deux réactions qui se succèdent dans le temps, l'individu pouvant se conformer pendant l'enfance, puis devenir insoumis et protestataire à l'adolescence. C'est souvent ce revirement soudain d'attitude qu'on surnomme "crise de l'adolescence".

L'utilisation excessive de punitions détruit l'estime de soi et peut engendrer toutes sortes de réactions indésirables telles que la crainte, l'hostilité, le refoulement, un comportement névrotique. L'enfant qui ne fait qu'obéir aveuglément n'apprend pas à intégrer la conduite adéquate. L'autonomie n'étant pas acquise, son comportement tend à changer dès que l'autorité n'est pas présente. Sa philosophie peut devenir: "On peut faire ce que l'on veut, l'important est de ne pas se faire prendre." D'autres enfants deviennent au contraire assujettis à l'autorité et soucieux de plaire au point de ne plus pouvoir remettre en question tout adulte, ce qui pourrait les rendre davantage vulnérables face aux abuseurs. Il est important de favoriser chez les jeunes la capacité de jugement et le sens critique.

Le défi

Le principal défi du parent militaire est d'être moins rigide, de développer plus de souplesse et de flexibilité dans l'exercice de sa parentalité. Des cours sur les relations parents-enfants ou sur l'écoute active peuvent l'aider à accepter l'identité de l'enfant, à lui faire davantage confiance et à exercer un dialogue qui tienne compte du point de vue du jeune.

Les relations émotives qui découlent de ce système disciplinaire étant plus distantes, le parent veillera à rétablir l'équilibre en accordant une attention particulière au lien affectif qu'il développe avec son enfant. L'affection doit précéder la discipline, répétons-le!

2. Le parent couveur

Ses caractéristiques

Le parent couveur met l'accent sur la protection. C'est, bien sûr, une attitude normale mais chez ce parent une inquiétude démesurée l'amène à surprotéger son enfant, à le gâter ou à l'infantiliser. Le parent de type couveur devient vite un serviteur pour l'enfant dont les exigences s'amplifient sous cette aubaine. Un père me rapportait que sa femme s'habillait le matin pour enlever la neige sur la voiture de sa fille de vingt ans. "Elle ne le fait même pas pour moi!" blaguait-il. Et, dans le même souffle, il déplorait l'absence de reconnaissance de sa fille pour ce service qui était devenu une sorte d'obligation. La mère, dans tout cela, commençait à se sentir vaguement flouée mais se culpabilisait énormément à la seule idée "d'abandonner" sa fille!

Lorsque le conjoint intervient avec plus de vigueur, le parent couveur peut saboter son action en prenant le parti de l'enfant, même lorsque celui-ci est manifestement en faute. Ce manque de cohérence a tôt fait d'amener des conflits entre les deux parents, chacun accusant l'autre de ne pas savoir s'y prendre. Le parent couveur peut avoir la fâcheuse tendance à faire passer ses enfants en premier dans les priorités familiales, négligeant parfois la relation de couple. C'est celui qui affirme sans ambages: "Mes enfants passent avant tout!" Or le lien conjugal constitue la relation centrale de la famille, celle qui précède les enfants et qui est censée leur succéder.

Le style de relation parentale est vertical, le parent concevant l'enfant comme un être inférieur et sans défense qu'il faut constamment veiller et assister. Le parent couveur confond les besoins affectifs avec les besoins de discipline. S'il remplit à la perfection les besoins affectifs de l'enfant, il prolonge ce succès en utilisant les sentiments pour faire de la discipline. Il jouera ainsi la carte de la culpabilité pour contrôler les conduites inopportunes de son enfant. C'est un parent qui s'inquiète facilement et qui imagine souvent les pires scénarios de catastrophe.

À l'extrême, certains parents couveurs prennent le contrôle de la vie affective de leur enfant, les amenant à ne jamais se marier ou s'engager émotivement avec des personnes du sexe opposé.

Une réaction fréquente des enfants éduqués dans ce style

Le jeune enfant ressent confusément les craintes de son parent couveur, même si elles ne sont pas exprimées ouvertement. Le monde extérieur peut lui apparaître menaçant et inhospitalier, ce qui l'amène à développer une grande timidité. Cet enfant manque rapidement de confiance en lui, ce qui renforce la dépendance envers son parent et réactive la propension de ce dernier à le surprotéger davantage.

En grandissant, le jeune en vient à découvrir son parent sous un autre angle. Il peut réagir en cherchant à se dégager de son attitude étouffante, profiter de la situation et manipuler son parent comme une marionnette avec le chantage affectif ou se réfugier totalement sous la tutelle rassurante -et parfois tyrannique- du parent couveur.

Le défi

La première tâche du parent couveur est d'accorder plus d'autonomie à son enfant. Il peut, par exemple, encourager son tout-petit à s'exprimer plutôt que de répondre à sa place, inciter son jeune à faire sa part des travaux ménagers et diminuer les recommandations auprès de son adolescent.

Le parent couveur doit apprendre à gérer ses émotions négatives plus efficacement, et particulièrement son inquiétude. Selon les psychologues, 40 % des appréhensions que l'on a n'arrivent jamais, 30 % d'entre elles sont déjà arrivées et 22 % ne peuvent être pré-venues. Donc au total, 92 % des inquiétudes que l'on a sont tout à fait inutiles!

3. Le parent coach

Ses caractéristiques

Entre le parent copain et le parent militaire, il existe une alternative: le parent coach. Ce dernier privilégie le lien affectif, soutient l'enfant dans ses expériences et ses découvertes, respecte ses perceptions personnelles (par exemple si l'enfant déclare ne plus avoir faim, il ne l'oblige pas à terminer son assiette), et fait preuve de sensibilité à l'égard des émotions de l'enfant.

Parallèlement, le parent coach fixe des limites à l'intérieur desquelles l'enfant peut agir librement. À l'image de l'entraîneur sportif, il établit des routines et des règles, les explique à son enfant et planifie soigneusement quelques stratégies positives pour le guider dans son apprentissage. Par la suite il supervise les agissements de son jeune et agit selon le plan qu'il a prévu. Le tout se fait dans une atmosphère détendue et chaleureuse.

Le parent coach enseigne à l'enfant que des règles élémentaires sont nécessaires pour vivre harmonieusement en société, et que, si ces règles comportent des avantages, elles entraînent aussi des obligations. Trop souvent, les enfants apprennent qu'ils ont des droits sans apprendre qu'ils ont aussi des devoirs.

Le parent coach agit comme mentor en dispensant ses encouragements judicieusement, en variant les stimulations et en orientant les comportements de son "disciple" de manière à obtenir sa coopération. Non seulement il indique les limites et corrige les effractions, mais il approuve et encourage les bonnes attitudes. Il remplace l'autoritarisme par la crédibilité engendrée par un leadership éclairé, ce qui lui permet d'influencer l'enfant grâce au respect mutuel qu'il développe avec lui. Bref, ce parent se voit comme un coach, une locomotive qui ouvre le chemin du jeune et l'entraîne à sa suite.

De plus, il veille à assouplir et reculer les limites à mesure que l'enfant grandit. Il ne faut pas oublier que le but des parents est de se rendre progressivement inutiles! Le parent coach suit de près ses enfants, mais sait lâcher prise lorsque ceux-ci progressent vers l'adolescence, et transférer graduellement les responsabilités sur leurs épaules. La relation est de type vertical au début de l'exercice de la parentalité, puis devient petit à petit horizontale. Ce style de discipline est donc dynamique car il évolue dans le temps et est assez souple pour modifier ses interventions en fonction des circonstances, des besoins particuliers ou du tempérament de l'enfant.

Une réaction fréquente des enfants éduqués dans ce style

Les enfants éduqués avec cette approche sont le plus souvent calmes et équilibrés. Ils perdent peu de temps à contester ou à rechercher les règles du jeu puisqu'elles sont clairement édictées et connues, et qu'elles respectent leur évolution en leur laissant progressivement plus d'initiatives. Ils peuvent donc concentrer leurs énergies sur les stimulations intellectuelles et artistiques qui leur sont prodiguées. Selon d'autres études (Coopersmith, 1967), les enfants éduqués dans un milieu structuré possèdent une meilleure estime de soi, sont plus agréables en société et acceptent mieux la critique que ceux élevés dans un milieu permissif.

Le défi

L'équilibre entre la méthode douce et la méthode forte est une mince frontière! L'objectif est de récupérer les avantages de ces deux approches sans pour autant recueillir leurs inconvénients. Le parent coach n'hésitera pas à se remettre régulièrement en question et à modifier ses attitudes lorsque c'est nécessaire. Une autre difficulté est celle de laisser progressivement plus d'initiatives à l'enfant au fur et à mesure qu'il grandit.

Ce style de discipline implique le mouvement, le dynamisme, l'adaptation. Les enfants ne sont pas tous pareils. Chacun évolue à sa vitesse, manifeste ses désirs à sa manière, réagit plus ou moins fortement aux sollicitations. C'est chaque jour que le parent coach doit relever le défi de réinventer une discipline intelligente, ayant une dimension humaine.

4. Le parent copain

Ses caractéristiques

Le parent de type permissif base son action sur le principe de la liberté et craint que la moindre interdiction lui fasse perdre l'amour de son enfant ou le brime. Il se culpabilise donc facilement. L'enfant est assimilé à un adulte en miniature et est traité comme tel. Le type de relation instauré est horizontal, d'égal à égal. Aucune limite n'est imposée à l'enfant, tout est négociable. À l'extrême, l'enfant est traité comme un petit roi qu'il faut satisfaire à tout prix.

Ces dernières années ont vu fleurir un nouveau mythe: celui de la démocratie familiale, où le parent "in" se doit de partager le pouvoir avec ses enfants et de négocier constamment. John Rosemund affirme dans son livre *Parent au pouvoir*:

> "...qu'il ne peut y avoir de relation démocratique entre parents et enfants tant que ces derniers sont encore à la maison et se fient à leurs parents pour assurer leur protection légale et leur soutien économique. Tant qu'un enfant n'a pas quitté la maison, il ne peut y avoir que des *exercices* de démocratie soigneusement orchestrés par les parents." (Rosemund, 1992, p. 30)

Une approche trop libérale peut trahir la peur de vieillir du parent. Certains vont jusqu'à s'habiller comme leurs adolescents, à se faire appeler par leur prénom, à adopter leur jargon. La télévision nous propose maintenant des feuilletons où les parents sont insouciants et "branchés" tandis que leurs jeunes sont hyper-responsables et conscientisés aux problématiques mondiales. Le monde à l'envers!

Ce parent a également un grand souci de plaire au jeune, d'être son ami. Etre l'ami d'une personne c'est l'accepter telle qu'elle est, sans essayer de l'améliorer ou de lui dire quoi faire. Le parent, tout en ayant une bonne relation avec son enfant, est en plus un éducateur, ce qui lui donne une dimension supplémentaire. L'adolescent ressent bien cette différence. À la recherche de son identité, il se détache de la génération de ses parents qu'il a tendance à confronter tout en se conformant paradoxalement aux critères de sa génération. Le mimétisme du parent copain peut même être perçu comme une compétition.

Une réaction fréquente des enfants éduqués dans ce style

Les règles étant imprécises et changeantes, les tout-petits présentent souvent un comportement désordonné et manipulateur. Malgré la grande latitude dont ils bénéficient, les jeunes éduqués avec cette méthode sont souvent peu responsables et blasés. Ils ont une capacité de s'extérioriser étonnante, mais qui manque de vernis. À l'adolescence, l'attitude laxiste du parent peut être interprétée comme une indifférence à l'être. En contrepartie, certains spécialistes affirment que ce style de discipline favorise le développement de la créativité, de la spontanéité et de l'esprit d'indépendance de l'enfant.

Le défi

Soulignons d'abord que la communication authentique dont est capable le parent copain est une qualité de premier ordre dont il ne doit pas se départir! Le premier défi du parent copain est de prendre conscience que le fait d'imposer un encadrement ne nuit pas au jeune. Au contraire, cela lui lui permet de profiter de l'expérience du parent. Ce parent aurait avantage à suivre un cours de psychogenèse, expliquant le développement cognitif et psychologique de l'enfant, afin de resituer la perception "adulte" qu'il a de l'enfant dans une perspective plus réaliste.

Le tenant de la permissivité est souvent un individu qui a lui-même des récriminations face à l'autorité qu'il vit ou a vécu avec ses propres parents. Il devra donc apprendre à reconnaître et à ne pas transposer ses propres frustrations sur ses enfants. Finalement, le parent copain doit dire adieu à la culpabilité: non il ne perdra pas l'amour de son enfant s'il lui impose des limites!

5. Le parent décrocheur

Ses caractéristiques

Certains parents, devant les difficultés rencontrées dans leur rôle parental, finissent par se décourager et abandonner la partie. Le parent limite alors les relations interpersonnelles avec son enfant au strict minimum en achetant la paix, en déplorant ne pouvoir "rien faire" avec cet enfant-là, en n'intervenant que rarement lorsqu'il se comporte mal, bref en se désengageant progressivement.

Le parent décrocheur s'affirme peu, prétextant parfois son tempérament doux pour excuser sa mollesse ou sa complaisance servile. Il confond la notion d'autorité avec une attitude agressive alors que la crédibilité ne provient pas de la capacité de crier fort mais de la confiance que dégage le parent. Les règles, souvent présentées comme des souhaits, sont délaissées dès que l'enfant manifeste la moindre opposition. Le parent décrocheur peut avoir essayé des dizaines de trucs sans succès et avoir acquis ainsi le sentiment de son incompétence, alors que la véritable cause de ses échecs réside plutôt dans une certaine mésestime en lui-même qui l'amène à ne jamais persévérer.

Les parents séparés qui ne veulent pas gronder leurs enfants parce qu'ils ne les voient pas souvent cèdent facilement aux caprices de ceux-ci et démissionnent petit à petit de leur rôle. Les parents épuisés qui cumulent tous les rôles et toutes les tâches sont plus sujets à responsabiliser prématurément leurs enfants. Les pères qui brillent par leur absence sont aussi des parents décrocheurs. Ils ne se sentent tout simplement pas concernés.

Une réaction fréquente des enfants éduqués dans ce style

L'attitude hésitante du parent décrocheur agace l'enfant et le déstabilise. N'étant pas dirigé dans ses comportements il devient impoli et impertinent. Comme il ne fait pas l'expérience de limites, il finit par croire qu'il est omnipotent. Certains se révèlent de véritables petits dictateurs, des despotes familiaux dont le parent attend avec résignation la majorité. Comme le dit si bien John Rosemund:

> "Quand les parents sont en grève, les enfants font de bien mauvais patrons." (Rosemund, 1992, p. 43)

Certains parents sont maltraités par leurs enfants ou ont peur de leur propre progéniture. Cela existe, malheureusement! Le manque de respect et l'égocentrisme exacerbé des enfants peuvent dégénérer en une attitude agressive puis en violence familiale.

> "Bien que la plupart des comportements agressifs prennent racine dans l'enfance, ils ne sont pas toujours le résultat de mauvais traitements. Certains agresseurs ont étés "gâtés" par des parents résignés ou trop faibles, ce qui les a conduit à se sentir *supérieurs* aux autres. Les enfants beaucoup trop dorlotés en arrivent à croire qu'ils ne font jamais rien de mal et qu'ils méritent des traitements de faveur. Persuadés que seuls les autres sont à l'origine de leurs problèmes, ils perdent finalement tout sens des responsabilités." (Bradshaw, 1990, p. 32)

Le manque de structure et de supervision peut aussi avoir comme effet de rendre le jeune anxieux ou déprimé. La solitude engendrée par cette situation est un des facteurs qui conduit bien des jeunes à se regrouper en bandes désoeuvrées, flânant dans les rues ou les centres commerciaux. L'oisiveté, à son tour, peut engendrer la violence, la délinquance ou le décrochage scolaire. La démission des deux parents de façon constante et continue ne peut rien générer de bon.

Le défi

Le principal défi: Demander de l'aide! Il est primordial de rétablir d'abord le respect entre l'enfant et son parent. Un spécialiste comme un psychologue, un pédopsychiatre ou un travailleur social peut devenir un médiateur neutre capable de rétablir la communication ou de diriger les membres de la famille vers les ressources appropriées.

CHAPITRE 3 - FAIRE DE LA DISCIPLINE C'EST...

CHAPITRE 3: Faire de la discipline c'est...

Ma définition de la discipline

Faire de la discipline, c'est guider l'enfant dans ses comportements en effectuant un repérage des limites avec bienveillance. Je propose d'éviter les deux pôles de l'autoritarisme rigide et du laisser-faire excessif et de tendre vers la ligne du milieu. À l'image de tout entraîneur sportif, le parent ou l'éducateur se doit d'expliquer les règles du jeu, de diriger l'enfant de façon à obtenir le comportement désiré et d'intervenir au besoin pour encourager ou décourager certaines attitudes. La discipline ne fait pas que faciliter la tâche du parent, c'est un acte éducatif qui répond à un besoin de l'enfant. Le parent n'a pas à se sentir coupable d'exercer cette influence. La démarche suivante peut servir de base ou de point de départ pour gérer certaines situations reliées à un besoin de discipline.

1- Établir la règle du jeu

Au départ, c'est aux parents qu'appartient la responsabilité de donner les règles de vie qui régissent le quotidien et les relations entre les personnes. Il faut d'abord prendre le temps de réfléchir aux repères que l'on considère importants. On prendra soin de limiter le nombre de règles à un maximum de cinq à sept consignes. Il ne s'agit pas de devenir le "gérant des règlements"! Il serait de toute manière très difficile, voire impossible, de faire respecter un nombre exagéré de prescriptions. Ces règles différeront d'un foyer à un autre, selon l'importance relative accordée aux divers aspects du comportement et, bien entendu, selon l'âge et le tempérament de l'enfant. Établissez donc vos priorités.

Les parents devraient se consulter sur ces quelques principes de base. Ils n'ont pas toujours le même seuil de tolérance face à un comportement donné. Ces variations n'ont pas vraiment de conséquences lorsqu'il s'agit de petits détails mais peuvent amener de véritables dissensions entre les conjoints ou ex-conjoints dans le cas des règles d'éducation les plus importantes. Les parents doivent par conséquent s'entendre sur un minimum de règles à faire respecter. Cette cohérence est particulièrement importante avec les enfants plus turbulents ou les jeunes hyperactifs. Si la concertation avec votre conjoint ou ex-conjoint s'avère pénible, limitez cette entente aux deux ou trois balises les plus importantes (l'heure du coucher, la politesse ou autre) . Chaque parent guidera ensuite l'enfant dans ce comportement ciblé, à l'aide d'une stratégie positive ou neutre de son choix. Le consensus doit porter sur la règle plutôt que sur la manière de l'appliquer. Combien d'affrontements parentaux ont pour enjeu le désir de rallier l'autre à notre façon d'agir? Le front commun et absolu est une chimère. Ce qui compte, c'est que les parents créent une cohérence pour les repères élémentaires et les enseignent à l'aide de stratégies les plus positives possibles.

Prenons le cas où deux parents s'entendent pour aider leur fils de trois ans à contrôler ses excès de colère. La mère procède en mettant l'enfant à l'écart quelques minutes chaque fois qu'il fait un caprice (technique du hors-jeu). Le père obtient de bons résultats en attirant l'attention de l'enfant sur une autre activité dès le début d'une frustration (diversion). Les méthodes d'enseignement auxquelles l'enfant est soumis sont variées mais véhiculent le même message de façon constante.

Quant aux points de vue secondaires divergents (par exemple un parent exige que son enfant se lave les mains avant le repas, l'autre non), ils peuvent être mis en complémentarité plutôt qu'en opposition. Cela donnera lieu, bien sûr, à une règle variable (avec maman on se lave les mains avant le repas et avec papa on les lave seulement si elles sont très sales). L'enfant s'adapte très bien à ces petites différences, pourvu que les parents respectent leurs disparités et ne cherchent pas à se discréditer mutuellement.

À mesure que l'enfant grandit, le parent coach lui fait une place dans ce processus en sollicitant ses suggestions, en écoutant ses revendications ou en discutant un point particulier. Le jeune est ainsi appelé à participer progressivement à l'établissement des règles de vie familiales et à exercer l'art délicat de la négociation. Le parent coach tiendra compte de ces données pour établir une entente acceptable pour tous. Il est presque toujours possible de trouver un compromis. Lorsque vous définissez une règle de conduite, elle doit rencontrer les conditions suivantes: être réaliste, claire et précise et être centrée sur l'essentiel.

La règle doit être réaliste

Il faut s'assurer que la demande est proportionnelle à l'âge du jeune. Bien connaître le parcours de développement commun à pratiquement tous les enfants, permet d'avoir des attentes réalistes. Les normes établies ne doivent pas pour autant devenir une obsession, la moyenne incluant des écarts individuels tout à fait normaux!

Le parent ou l'éducateur tiendra compte du fait que l'enfant est un être en devenir. La structure de sa pensée, sa conception des choses, sa capacité de mémorisation et de raisonnement sont bien différentes de ce qu'elles seront à l'âge adulte. L'enfant a une logique à lui, qu'il nous faut comprendre pour pouvoir poser une intervention réaliste. L'idée que se fait l'enfant de la réalité évolue à mesure qu'il vieillit. De nombreux chercheurs ont mis en évidence ce développement par paliers pour l'acquisition des habiletés cognitives, psychomotrices, psychosociales, etc.

Une règle réaliste tient compte des besoins physiques ou affectifs du jeune. Si on veut l'inciter à aller vite alors qu'il est de tempérament lymphatique, les chances de succès sont réduites. Si on interdit à un jeune de voir un ami que l'on juge "mal élevé", alors que le jeune est attaché à ce compagnon, la règle heurte les sentiments du jeune et risque de suciter une réaction démesurée. Vouloir imposer un choix professionnel à un adolescent sans tenir compte de ses désirs n'est pas réaliste car une telle règle vient en contradiction avec ses goûts et ses aspirations personnelles.

La "crise de l'adolescence" n'est pas nécessairement une révolte contre les parents. C'est bien souvent une rébellion contre des règles disciplinaires irréalistes et inadaptées à ses besoins.

Exemples

L'enfant qui ne veut pas partager ses jouets

Les conflits qui surviennent au sujet du partage des jouets sont fréquents dans la petite enfance. Certains parents concluent hâtivement que leur enfant est égoïste lorsqu'il refuse de céder un objet. Comprendre la psychologie enfantine aide le parent à réagir adéquatement à ces situations frustrantes. Les chercheurs ont constaté que les enfants, jusqu'à l'âge de trois à quatre ans, ne jouent pas ensemble mais jouent l'un à côté de l'autre. C'est l'époque des jeux dits parallèles. À partir de cet âge, on voit progressivement apparaître une sorte de troc ou d'échange. La véritable coopération débute entre six et huit ans. C'est vers cet âge que les jeux de sociétés structurés deviennent possibles.

Chez les tout-petits, la valeur d'un objet ne dépend nullement de son coût. Son caractère précieux fluctue continuellement en fonction de la nouveauté de cet objet et de l'intérêt que d'autres personnes y accordent. C'est ainsi qu'un jeu délaissé sur le plancher depuis deux jours peut acquérir en un instant une valeur considérable, si un autre enfant le prend. C'est comme si le jouet devenait "vivant"! Les autres enfants semblent se dire "Si Julie le trouve assez intéressant pour le prendre, ce doit être un jeu amusant!". Comment rétablir la circulation lorsqu'un tel blocage se produit? Voici quelques trucs qui vous aideront à dénouer le conflit:

- Incluez, lorsque c'est possible, d'autres jouets du même type. Deux enfants se disputent pour un jeu électronique? Le fait de sortir les autres jeux électroniques que vous possédez a de fortes chances de rétablir la circulation de l'objet convoité;

- Jouez avec eux pendant quelques minutes. Lorsqu'un adulte s'immisce dans le jeu pour faire le casse-tête ou dessiner avec eux, il change la dynamique. Le duo devient trio ou le trio quatuor. Les enfants, heureux de recevoir l'attention de leur parent ou éducateur suivent ses directives et acceptent soudainement de partager. C'est une bonne occasion de leur enseigner des conduites pro-sociales:"Tu fais le tour du casse-tête, et ton ami fait le milieu" ou "N'arrache pas le crayon de ses mains mais demande-lui d'abord quand elle aura terminé avec cette couleur." Lorsque le parent se retire, la conduite pacifique persiste pour un certain temps;

- Accélérez l'évolution de quelques mois en leur enseignant comment échanger. "Tu veux prendre cet objet, mais que lui offres-tu en retour? Essaie de lui proposer ce jouet.";

- Accompagnez l'enfant qui veut prendre un jouet à un autre. Faites-lui répéter les mots "Veux-tu me prêter ton jouet?" puis montrez-lui à tenir compte de la réponse de l'autre enfant. Expliquez à chacun la différence entre "prêter" et "donner";

- Employez un minuteur culinaire pour gérer la circulation d'un jouet dont vous ne possédez qu'un seul exemplaire. Trois enfants se disputent pour l'emploi du seul ballon sauteur disponible? Décrétez que chacun aura droit à cinq minutes à tour de rôle. Si le différent se poursuit pour savoir qui commencera, ayez recours au hasard (pile ou face) ou à une comptine de sélection. Les enfants acceptent bien les résultats de ces petits rituels. Remontez ensuite le minuteur devant eux et invitez les deux joueurs en attente à se distraire pendant que le premier s'amuse. Lorsque la minuterie sonne, effectuez la rotation et ainsi de suite. Ne comptez pas vous-même le temps sur votre montre! Je ne sais pas pourquoi, mais les enfants se soumettent plus volontiers au verdict de la sonnerie qu'à une annonce vocale!

L'enfant qui ne reste pas assis sur sa chaise

Si on exige de Jean-Philippe qu'il fasse son lit, nourrisse le chien, passe l'aspirateur et range son linge quotidiennement alors que cet enfant n'a que cinq ans, on s'expose à l'échec à et à la déception. Un enfant de cet âge n'est pas en mesure de comprendre et d'assumer la charge de telles responsabilités. De même, il n'est guère réaliste d'espérer qu'un tout-petit de deux ans plein d'énergie restera assis sur une chaise sans bouger un cil pendant plus de trente secondes...

Le jeune qui raconte des mensonges

Les parents sont perplexes et inquiets devant un jeune qui raconte des mensonges. Il faut d'abord savoir que, jusqu'à environ six ans, un enfant distingue mal la réalité de la fiction. Il est possible qu'il dise certaines choses qui vous semblent inexactes; il ne s'agit pas d'un mensonge mais d'une simple immaturité psychologique. Réagissez en lui permettant d'exprimer sa créativité et son imaginaire. Vous pouvez aussi clarifier la fabulation qu'il évoque en lui demandant: "Est-ce que ça se peut?" et en lui expliquant la différence entre le vrai et le faux. Surtout, ne le traitez pas de menteur! Le véritable mensonge est conscient et intentionnel. Si votre jeune vous dit des mensonges, recherchez-en d'abord la cause. Il y a plusieurs possibilités:

- Il vous en met plein la vue en vous racontant qu'il est le meilleur de son école? Il a une réputation de vantard? Il tente vraisem-blablement, en épatant la galerie, de se valoriser ou de s'intégrer à un groupe. Augmentez son niveau de confiance en lui con-sacrant plus de temps et en lui montrant de l'estime lorsque l'opportunité se présente. Montrez-lui comment se faire des amis. N'encouragez pas la délation, qui peut devenir une façon d'être populaire auprès de l'adulte;

- Certains enfants mentent pour se protéger d'une situation qu'il perçoivent comme menaçante. C'est le cas de l'enfant qui accuse son frère d'une bêtise qu'il a commise lui-même, par crainte de recevoir une fessée. Les punitions corporelles ou toute situation engendrant la peur favorisent le mensonge de ce type. Éliminer la situation abusive est la solution logique pour mettre fin aux accusations mensongères;

- L'inexactitude peut être un prétexte pour fuir ses responsabilités. Le jeune qui vous affirme sans broncher qu'il a effectué une tâche demandée, alors que c'est faux, a besoin d'être encadré et encouragé. "Oh! Je vois que tu n'as pas fait ton lit! Viens, je vais t'aider...";

- Le mensonge employé pour obtenir quelque chose ou arriver à ses fins dénote une forte personnalité. Comment réagir? Démontrez-lui que le mensonge est nuisible à moyen terme. Enseignez à ce jeune comment obtenir un objet ou négocier une permission avec franchise et honnêteté et donnez-lui des moyens concrets d'y arriver;

- Si un enfant a commis une bévue, ne jouez pas au détective! Lui demander "Comment ça c'est passé à l'école, aujourd'hui?" alors que son professeur a appelé pour se plaindre de son comportement est une invitation à la dissimulation. Abordez plutôt la situation directement "Ton professeur m'a appelé, il n'était pas satisfait.";

- L'imposition d'un "secret de famille" (inceste, alcoolisme ...) peut amener l'enfant à maquiller la réalité;

- Un jeune qui ment sans motif particulier, ou sur une base régulière, peut exprimer de la sorte un problème plus profond ou avoir simplement développé une habitude (mythomanie). Si c'est le cas, n'hésitez pas à consulter un psychologue.

<u>La participation aux tâches domestiques</u>

La plupart des parents demandent à leurs enfants de participer aux tâches ménagères afin de leur enseigner à accepter des responsabilités et à les mener à bien. Ces petits travaux donnent aussi au parent l'occasion de valoriser son enfant et de le féliciter.

Un enfant, de deux à six ans est capable:

- D'arroser quelques plantes;
- D'aller chercher un papier mouchoir;
- De plier son pyjama ou de le ranger à un endroit désigné;
- De mettre le couvert (avec des assiettes incassables!).

Un jeune, de sept à douze ans peut:

- Apprendre à faire son lit;
- Mettre son linge sale dans le panier;
- Plier et ranger son linge;

- Passer l'aspirateur;
- Laver et essuyer la vaisselle;
- Donner à boire et à manger à un petit animal.

Un adolescent pourra donner un coup de main pour:

- Laver la voiture;
- Préparer un repas simple;
- Faire la lessive;
- Récurer la salle de bain;
- Ranger le garage ou une pièce en désordre;
- Effectuer de menus travaux dans le jardin.

Les jeunes collaboreront volontiers si le parent n'exige pas la perfection et ne critique pas les moindres travers. Il ne serait pas réaliste d'exiger qu'un enfant de dix ans fasse son lit aussi bien qu'un adulte. S'il prend la peine de placer les couvertures, il faut récompenser cet effort plutôt que le résultat. Lorsque cette routine est bien installée, on passe alors à une autre étape en montrant au jeune comment enlever les plis et mettre la couverture sous le matelas.

Des travaux plus contraignants tel que nourrir un animal ou plus complexes comme laver la voiture, faire la lessive ou préparer un repas nécessitent un certain entraînement ainsi qu'une supervision plus assidue de la part du parent. Toute activité pouvant présenter des dangers, tel que tondre le gazon, ne devrait pas être proposé à un jeune de moins de douze ans.

L'adolescent qui n'aime pas se laver

Selon une enquête sur les sources de conflits entre parents et adolescent, l'ordre et la propreté viennent au premier rang. Les jeunes passent presque tous par une phase où ils détestent se laver. Pour demeurer réaliste face à cette étape, le parent doit abaisser ses standards d'hygiène d'un cran: prendre trois douches par semaine plutôt que quotidiennement peut être un bon compromis pour un certain temps. Soyez patient! Habituellement, il suffit d'un béguin pour une personne du sexe opposé pour qu'il se lance dans l'excès contraire!

La règle doit être centrée sur l'essentiel

Le nombre de règles de vie devant être limité, il faut donc en restreindre l'émission aux points fondamentaux. Ainsi, lorsqu'on établit un nouveau règlement il est bon de se poser la question "Est-ce si important? L'absence de règle entraînerait-elle une conséquence néfaste?" Si votre réponse est affirmative et respecte la condition précédente, poursuivez votre démarche. Sinon, contentez-vous d'exprimer vos sentiments, sans toutefois instituer une nouvelle règle de conduite. N'oubliez pas que plus il y a de règlements à respecter, plus la portée de chacun risque d'être diluée, et plus les tensions risquent d'être fortes. Cette centration est primordiale à l'adolescence, surtout quand votre jeune traverse une "mauvaise passe". On sera alors moins exigeant sur la discipline et plus attentif aux besoins affectifs.

Les règles évoluent au fur et à mesure que l'enfant grandit. Ainsi, les consignes les plus fréquentes avec les tout-petits concernent l'hygiène (le lavage des mains avant le repas, le brossage des dents...), les conduites pro-sociales (partager ses jouets, ne pas bousculer les autres, maîtriser sa colère...) et l'adaptation à des transitions (le moment du coucher, le passage de la maison à la garderie...). Petit à petit, ces règles sont intégrées et remplacées par de nouveaux apprentissages.

À l'âge scolaire, le code de conduite concerne plutôt le développement du sens des responsabilités (participer aux travaux ménager, faire ses travaux scolaires...), l'élaboration d'un code moral (être honnête, ne pas accuser les autres injustement...) et le raffinement de certaines conduites pro-sociales (la politesse, l'empathie...). À nouveau, ces règles sont graduellement intériorisées et de nouveaux préceptes leurs succèdent.

À l'adolescence, la discipline ajoute de nouvelles habiletés comme le sens critique (choisir ses ami(e)s, prendre des décisions face à la drogue, l'orientation professionnelle...) et l'exercice de l'indépendance (les heures de rentrée, l'adoption d'un style vestimentaire...). Le jeune adulte possède en fait des dizaines de règles qui sont devenues partie intégrante de sa personnalité. L'effet de la discipline est donc cumulatif.

Enfin, la centration tiendra également compte de ce qu'il convient d'appeler le "choc des valeurs" entre les générations. Votre adolescent est une personne donc, par définition, un être distinct. Il appartient à une époque différente de la vôtre, il est influencé par des modes et des courants culturels qui ne sont pas ceux que vous avez vécus. Il doit s'adapter et s'insérer dans une société technologique et informatique d'une grande complexité.

Il est par conséquent inévitable qu'il n'aura pas nécessairement les mêmes goûts et les mêmes valeurs que vous. Etes-vous prêt à accepter que votre enfant soit différent de vous? Le choc des valeurs amène parfois le parent à multiplier les règles comme "Je ne veux pas que tu te fasses percer le nez pour y mettre un anneau", "Il faut couper tes cheveux", "Je t'interdis de prêter ton linge à tes copines", "Il n'est pas question que tu te maquilles pour aller à l'école"...

Que de conflits sur ces règles qui correspondent davantage à un heurt entre des valeurs différentes qu'à un véritable problème de discipline! Pour faire le tri et centrer vos règles, analysez les conséquences possibles - et sérieuses - du comportement de votre jeune et les raisons pour lesquelles cela vous irrite. On pourrait ainsi poser la question: "Si tu te fais percer le nez, cela aura pour effet grave... de te rendre ridicule?" Cela est une question de goût! Peut-être que cela vous irrite parce que vous craignez l'opinion des autres "... de déclencher une infection nasale?" Il faut bien l'admettre, cette raison est plutôt boiteuse... "de t'empêcher d'avoir un emploi?" Laissez à votre jeune la responsabilité de s'adapter quand il sera à la recherche d'un emploi.

Je ne dis pas que le parent doit tolérer toutes les valeurs de son adolescent. Certaines valeurs divergentes s'avéreront, après étude, inacceptables. C'est là qu'une règle disciplinaire sera indiquée. Votre adolescent fume et la fumée vous dérange? Un règlement centré serait "Je ne veux pas que tu fumes dans la maison". Votre jeune fait du vandalisme? Les conséquences auxquelles il s'expose sont graves. Un encadrement s'impose pour lui enseigner à respecter la propriété d'autrui. Exercez votre jugement et surtout votre GBS: le Gros Bon Sens!

Exemples

L'enfant qui est agité et excité

Certains parents inondent leur enfant par un flot incessant de directives, multipliant les interdictions sur une foule de petites choses anodines... tiens-toi droit... ôte tes doigts de ta bouche... ne taquine pas ton frère... cesse de faire le bébé... reste tranquille... ouf! Trop d'instructions sont tout aussi nuisibles que pas assez! Ces sempiternelles recommandations déconcertent le tout-petit et l'embrouillent, ce qui a pour effet de le rendre plus agité. Sa turbulence entraîne de nouvelles consignes. Il a l'impression de ne jamais rien faire de correct et se décourage. Une clarification s'impose! L'éducateur devra limiter ses interventions à des conduites vraiment dérangeantes. Le fait de lister les différents comportements et les consignes qui y sont associées l'aidera à choisir les plus importants.

L'adolescent qui veut porter des vêtements extravagants

Camille, quatorze ans, veut déchirer le nouveau jean que son père vient d'acheter, parce que les franges et les accrocs sont à la mode. Le père s'oppose et est tenté de dire "Je t'interdis d'abîmer tes vêtements". Après réflexion, il en conclue qu'une telle règle serait difficile à faire suivre par une adolescente influencée par la mode (règle peu réaliste) et il se rend compte que les vêtements ont pour lui une importance toute relative. Il se limite alors à dire "Je préfère les jeans sans franges, mais c'est toi qui les portes, après tout!"

Il obtient ainsi des munitions pour obtenir gain de cause dans une règle plus litigieuse. Par exemple, lorsque Camille veut rentrer à deux heures du matin, son père a plus de crédibilité et de pouvoir de négociation pour faire valoir ses exigences en disant: "Écoute, je n'ai pas l'habitude d'être strict sur tes vêtements ou ta coiffure. Dans ces domaines-là, je te laisse décider. En ce qui concerne l'heure de rentrée par contre, c'est à moi de juger! J'estime que minuit est un maximum. Si tu collabores et respectes cette consigne, je la réviserai à la hausse pour tes quinze ans."

La règle doit être claire et précise

L'être humain a tendance à ne dépenser que le minimum d'énergie nécessaire pour accomplir une tâche. Ce qu'on appelle parfois la "loi du moindre effort" est en fait un comportement instinctif présent chez une majorité de personnes. Ainsi, une consigne trop vague portera à interprétation. Il s'ensuit de la confusion et de la déception. Détaillez ce que vous désirez en édictant la règle en terme de faits observables et mesurables. Vous éliminerez ainsi bien des malentendus.

Inscrivez également la règle dans le temps: "Pour la période des vacances, les collations permises seront les crudités et les fruits et les légumes" ou "Voici comment nous allons procéder pour la semaine qui vient..."

Une directive explicite économise du temps! La disponiblité reconquise au moyen de règles claires constitue un avantage important dans les familles où les deux parents travaillent à l'extérieur ou encore dans celles où la mère est en situation monoparentale, puisque le type d'horaire de ces familles complique davantage la réalisation des tâches quotidiennes.

Précisez également les raisons qui motivent l'établissement de la règle. Quand un enfant comprend le "pourquoi" d'une règle et l'accepte, il ne s'y soumet pas, il la fait sienne.

Exemples

<u>L'enfant qui est turbulent lorsqu'il est en visite</u>

Ne vous limitez pas à dire à Annie, quatre ans, de ne pas être tannante chez tante Louise, mais expliquez avec précision le comportement attendu. "Tu peux jouer dans le salon et la cuisine, mais pas dans les chambres."

<u>Le jeune qui effectue un travail demandé en le bâclant</u>

Un parent demande à son fils Maxime de ranger sa chambre. Maxime se contente d'étendre la couverture sur son lit et de frayer un chemin parmi les vêtements et les jeux qui jonchent le plancher de sa chambre. Le parent est furieux et a l'impression que son fils se moque de lui. Maxime est-il paresseux? Pas du tout. Il est surtout humain! La demande est ici trop floue et porte à équivoque. Il aurait fallu que l'adulte détaille davantage ce qu'il entend par "ranger". S'agit-il de faire le lit correctement et de mettre dans la garde-robe tout ce qui traîne sur le sol? Rappelez-vous que vous obtiendrez exactement ce que vous avez demandé et rarement plus!

<u>L'adolescent qui sème le désordre sur son passage</u>

Valérie a la mauvaise habitude de semer le désordre sur son passage. Sa mère l'exhorte à "être plus ordonnée", requête qui reste sans effet. La règle doit être précisée! Le parent pourrait dire par exemple: "À partir de maintenant, je veux que tu ranges tes effets scolaires dans ta chambre" ou "Lorsque tes vêtements ont besoin d'être lavés, tu dois les mettre dans le panier de la salle de bain. Il y a un lavage le mardi et un le samedi."

2- Annoncer le code

Imaginez qu'un policier vous intercepte sur la route pour vous dire que vous venez d'enfreindre un nouveau règlement. Vous protestez qu'aucune publicité ne vous a renseigné sur cette modification. L'agent vous répond qu'il n'y en pas eu mais que nul n'est censé ignorer la loi et vous inflige une amende. Ne seriez-vous pas indigné d'une telle situation?

Il n'est pas rare que des enfants vivent cet état de fait. Le parent qui réprimande son enfant pour avoir dit un juron, sans lui avoir jamais dit au préalable le genre de langage qu'il désire entendre, crée un vif ressentiment dans le coeur du jeune et perd de sa crédibilité en tant que guide. Il n'est jamais bon de fonctionner avec des sous-entendus et des devinettes. Les règles seront clairement exprimées afin d'être connues à l'avance de tous. Agissez de même avec les enfants qui ne sont pas les vôtres. Vous éviterez bien des conflits et des frustrations en exposant les règlements internes dès le début!

L'annonce du code doit se faire sur un mode affirmatif, en spécifiant la contrepartie et dans un contexte positif. De plus, il doit être rappelé à intervalles réguliers jusqu'à ce qu'il soit bien intégré dans le comportement de l'enfant.

Annoncer le code sur un mode affirmatif

L'énoncé du code de conduite doit être formulé de façon AFFIR-MATIVE. Évitez la formule interrogative. Plutôt que de dire: "Voudrais-tu faire ton lit tous les matins?", AFFIRMEZ: "À partir de maintenant, je veux que tu fasses ton lit tous les matins." Bannissez les supplications. Remplacez les "Je ne te demande pas grand-chose, j'aimerais seulement que tu me parles un peu plus poliment..." par une AFFIRMATION "Je ne te permets pas de me parler sur ce ton. Je te rappelle que la règle dans cette famille est de se parler avec un minimum de respect." Abandonnez les critiques négatives. Au lieu de crier: "Tu n'es qu'une égoïste! Regarde-moi dans quel état tu as laissé ce comptoir de cuisine!", AFFIRMEZ calmement: "J'ai décidé que dorénavant toute personne qui se fait une collation en dehors des heures de repas, doit nettoyer le comptoir avant de quitter la pièce."

Prenez le temps de rendre votre code signifiant pour votre enfant, en lui expliquant brièvement les raisons qui motivent son instauration. Des valeurs sont rattachées aux règles que vous sélectionnez: l'exercice de la politesse se justifie par l'importance d'avoir de bonnes relations avec les autres, l'obligation de se coucher à une certaine heure est due à la fatigue accumulée et à la nécessité de se lever tôt pour aller à l'école, et ainsi de suite.

Comprendre le "pourquoi" aide le jeune à adhérer au comportement que vous lui proposez et l'incite même parfois à rechercher lui-même des solutions. Si votre enfant vous questionne, répondez à sa curiosité. S'il revendique, orientez ses propos vers des solutions ("Que suggères-tu?"). S'il propose des alternatives intéressantes, envisagez-les et modifiez votre règle si nécessaire. S'il soulève un point auquel vous n'aviez pas songé, discutez-en avec votre jeune, cherchez ensemble un compromis acceptable pour tous et adaptez votre règle en conséquence.

Mais s'il vous harcèle avec d'interminables "pourquoi" ou cherche à argumenter alors que votre décision est définitive, mettez-y fin après des explications raisonnables en répondant: "Parce que c'est comme ça! Je suis ton parent et j'estime que c'est à moi de prendre la décision à ce stade-ci. Un point, c'est tout." ou "Je n'ai pas d'autres explications à te donner. Je te demande de ..." ou "Peu importe ce que font les autres. J'ai décidé que... " Cette réponse ne vous rendra pas très populaire! Mais ils l'accepteront.

"Les enfants *veulent* peut-être des serviteurs, mais ils ont *besoin* de parents." (Rosemund, 1992, p. 354)

Annoncer le code en spécifiant la contrepartie

On fera connaître les conséquences qu'entraînent une non-observance de la règle. Annoncez à votre enfant ce qui va se passer s'il n'obéit pas. Soulignez les avantages liés à la coopération avant de mentionner les pénalités amenées par une incartade. On prendra soin de mettre l'emphase d'abord sur les conséquences positives, puis sur les négatives. Par exemple: "Depuis quelque temps j'ai remarqué que tu allais au lit à des heures trop tardives. Ton père et moi en avons discuté et avons décidé que dorénavant l'heure du coucher serait fixée à 21 heures durant la semaine. Si tu respectes ce nouvel horaire, tu pourras aller au lit à 22 heures durant les fins de semaines, sinon, ce sera 21 heures aussi."

Annoncer le code dans un contexte positif

Lorsque l'enfant vient de faire une bêtise, ce n'est pas un moment propice pour lui annoncer un changement dans ses habitudes! Une approche aussi maladroite ne saurait qu'amener une plus grande résistance face au changement demandé. Le parent prendra soin d'introduire la nouvelle règle lorsque l'ambiance est calme et détendue et que la communication est ouverte.

Il y a plusieurs façons d'aborder un nouveau code de conduite. On peut intervenir auprès de chaque enfant individuellement et lui exposer le code de conduite oralement. Il est bon de s'assurer d'abord que l'on a l'attention de l'enfant en le regardant dans les yeux et en lui touchant légèrement le bras lorsqu'on lui parle. La formulation doit être simple, affirmative et dite sur un ton neutre.

Le conseil de famille est une autre approche efficace pour introduire une ou plusieurs nouvelles règles avec les enfants de plus de six ans. Il s'agit de réunir la famille autour de la table de la cuisine ou dans le salon et de présenter le code de conduite. Idéalement, les consignes seront écrites ou dessinées - selon l'âge de l'enfant - sur un tableau ou un grand carton fort. Ce support visuel, agrémenté ou non de personnages de bandes dessinées que vous aurez découpés dans une revue ou d'une touche d'humour, est des plus utile.

Les jeunes de plus de sept ans peuvent partager les tâches entre eux. Le parent présente par exemple six travaux à répartir entre trois enfants, puis supervise les négociations et donne à chacun l'opportunité de s'exprimer. Les jeunes sont plus enclins à coopérer lorsqu'ils ont pris part aux décisions. Un suivi sera fait chaque semaine pour permettre aux membres de la famille d'évaluer les résultats et d'apporter des modifications à la répartition des tâches, selon les besoins.

Rappeler le code

La mémoire étant une faculté qui oublie, le code de conduite sera rappelé à intervalles réguliers. Tenez compte du fait qu'une conduite indésirable installée depuis longtemps et qui a des racines ancrées dans les habitudes nécessite une rétroaction répétée et constante si on entend la changer. L'évocation verbale de la règle est la manière la plus courante de réitérer sa demande. On peut aussi faire preuve d'imagination pour rappeler les règles de vie. Voici quelques alternatives à la classique répétition verbale:

- Préparer des affiches colorées sur lesquelles les règles sont inscrites ou dessinées et les disposer à des endroits stratégiques. Par exemple, une cible faite de cercles concentriques, affichée au dessus du panier de lessive, et sur laquelle j'avais inscrit les mots "Visez juste!" a grandement contribué à habituer mes enfants à mettre leurs vêtements salis au panier;

- Inscrire les règles sous forme de charade, de rébus, de proverbe, etc. sur des petits cartons (format fiches) et les semer à des endroits incongrus;

- Écrire sur un tableau ou un babillard un message secret par jour rappelant un précepte du code de conduite;

- Enregistrer sur une cassette les règles de vie présentées de façon amusante. La faire jouer ou utiliser un baladeur pour une intervention auprès d'un seul enfant;

- Inventer une comptine qui rappelle une règle pour les tout-petits et la chanter avec eux dans la situation appropriée: "Je range avec mes amis..."

3- Aider l'enfant à vaincre la résistance

Avez-vous déjà essayé de diminuer votre consommation de café ou de cesser de fumer? Rien n'est plus difficile à modifier qu'une habitude car l'être humain résiste au changement. Les enfants, même les tout-petits, vivent aussi cette opposition naturelle et sont d'abord réticents à transformer leur comportement. Une nouvelle directive entraîne éventuellement de la résistance pour une période pouvant durer de quelques minutes à quelques jours, parfois quelques semaines pour les habitudes les plus ancrées.

Durant cette étape cruciale, l'enfant testera la validité du nouveau code de conduite en s'y opposant ou en le contrariant de multiples manières. Cette réaction est normale. Le jeune n'a aucune envie de changer ses habitudes. Avant de le faire il vérifie la validité du nouveau code. Si le parent insiste et ne cède pas à ses essais de riposte, il l'accepte. Si par contre l'adulte se montre inconsistant, fléchit ou capitule, la nouvelle consigne ne sera pas intégrée et le comportement ne changera pas.

À l'adolescence, cette résistance s'accroît. Cela est normal car une des tâches de l'adolescent est de rechercher et d'affirmer son indépendance et son autonomie. Le parent coach s'adapte à ce changement en diminuant le plus possible ses interventions et en cultivant une communication positive entre lui et son jeune.

Une réaction excessive ou une résistance prolongée peut parfois vous indiquer que vous faites fausse route. Reconsidérez les points suivants:

- Cette règle tient-elle compte des besoins physiques de votre enfant?
- Cette règle entre-t-elle en conflit avec les besoins affectifs de votre enfant?
- Cette règle contredit-elle une valeur importante pour votre jeune?
- Cette règle est-elle réaliste en fonction de l'âge et de la personnalité de votre jeune?
- Cette règle est-elle claire et précise ou nébuleuse?
- Cette règle est-elle vraiment essentielle?

Aider l'enfant à vaincre la résistance en prévoyant à l'avance les stratégies que vous utiliserez

Il est perspicace de penser à l'avance à la stratégie que l'on emploiera pour contrecarrer la résistance. Sélectionnez deux ou trois moyens différents positifs ou neutres (voir chapitre 5), en tenant compte du caractère de l'enfant et de son âge. Ces dispositions vous aideront à contrôler les réactions émotives souvent inappropriées qui surgissent chez le parent lorsque l'enfant se met à défier la consigne. Il est tout à fait normal que les enfants nous énervent occasionnellement. La planification d'une intervention évite que les moyens disciplinaires soient impulsifs et disproportionnés.

Aider l'enfant à vaincre la résistance en agissant

Seule l'application réelle et constante de ce plan, aussi longtemps que nécessaire, vous permettra de réussir l'examen de passage. Si vous constatez que le premier moyen choisi n'est pas efficient, n'abdiquez pas mais faites preuve de flexibilité en adoptant la seconde technique que vous avez sélectionnée. Les enfants se révèlent souvent plus tenaces que les parents et font ainsi échouer l'application de la nouvelle consigne.

Voilà pourquoi il est si difficile de faire de la discipline! Tenez bon et passez le test! La résistance ne dure dans la plupart des cas que quelques minutes à quelques jours. Pour des conduites plus anciennes, la résistance peut s'étendre sur quelques semaines. À vous de choisir: consacrer un peu de temps pour aider votre enfant à modifier son comportement indésirable ou le supporter quelques mois ou même quelques années de plus...

Bon nombre de parents ne passent malheureusement pas ce test et lâchent prise après quelques oppositions. La règle est alors rejetée par l'enfant qui ne voit pas la nécessité de s'y soumettre. Par contre, lorsque le parent persiste et demeure ferme dans sa décision, l'enfant admet la règle et ajuste sa conduite en conséquence. Ne vous contentez pas "d'essayer". Ce que vous faites a un sens. Soyez convaincus vous-mêmes du bien-fondé de vos décisions, agissez et persévérez! Si vous annoncez à votre enfant "Cesse de taper sur le piano, sinon je t'envoie dans ta chambre", vous devez être prêt à le faire si l'enfant n'obtempère pas. Ne répétez pas plus de deux fois avant de passer à l'action! Lorsque le parent répète continuellement une consigne sans intervenir, l'enfant apprend à ne plus tenir compte de ses directives. Il perd confiance en son coach. La tension monte jusqu'à un point où le parent finit par réagir, généralement de façon disproportionnée. Ne craignez donc pas d'agir tôt. Votre rôle consiste à aider votre enfant à changer son comportement pour un autre   plus adéquat. Oui, vous AIDEZ votre enfant!

Vous devez absolument vous débarrasser de la culpabilité qui vous porte à croire que vous lui nuisez ou le traumatisez en lui imposant une limite nécessaire pour son bien-être ou son inté-gration sociale. Si votre règle répond aux critères décrits dans ce chapitre et que vous appliquez des moyens de contrôle positifs ou neutres tels que décrits au chapitre 5, il n'y a aucune raison de croire que vous commettez un abus de votre autorité. Vous faites sim-plement votre travail de parent. Aidez votre enfant à vaincre la résistance en agissant et dites adieu à la culpabilité!

Face à la résistance, certains parents ont l'impression que leur enfant est trop âgé pour changer. On m'a déjà dit, le plus sérieusement du monde: "On a raté notre coup avec notre fils. Il a maintenant dix ans, il est trop tard..." Non, au contraire, il n'est jamais trop tard pour bien faire! Contrairement à ce qu'on croyait à une certaine époque, il n'existe pas un âge "limite" pour éduquer l'enfant. Depuis une quinzaine d'années, un grand nombre d'études ont infirmé le postulat voulant que les premières années de la vie constituent une période critique irréversible.

Ne renoncez pas à parfaire l'éducation de votre enfant et à favoriser le développement de son plein potentiel sous prétexte qu'il a pris un mauvais pli! Naturellement, plus la situation est détériorée, plus il faudra d'énergie pour rattraper ce dérapage. Mais sachez que cela est possible et que ça en vaut la peine!

Exemples

<u>L'enfant qui défie</u>

Mathieu, un petit voisin de cinq ans, avait l'habitude de venir régulièrement chez moi pour jouer avec mon fils du même âge. Tout allait bien jusqu'au jour où, après avoir joué tout seul de son côté avec les blocs de constructions et les avoir éparpillés dans le salon, il se leva et annonça qu'il retournait chez lui. C'est alors que je me rendis compte que je n'avais jamais exposé les consignes internes à cet enfant. C'était là une erreur de ma part! Il est toujours préférable d'exposer le code à l'avance, dans un contexte positif. Néammoins, je décidai de passer à l'action. Nous avons eu alors le dialogue suivant:

Moi: "Mathieu! J'ai oublié de te dire qu'il y a une règle dans cette maison qui dit que lorsqu'on a fini de jouer avec un jeu, on doit le ranger. Par conséquent, ramasse, s'il te plaît, les blocs que tu as répandus dans le salon avant de t'en aller."

Mathieu (se dirigeant vers la porte après une brève hésitation): "Il n'y a pas de règle semblable chez moi!"

Moi (m'interposant rapidement devant la porte): "Écoute, chez toi, c'est chez toi et ici, c'est ici. Ta maman peut faire les règlements qu'elle veut dans ta maison mais ici c'est différent. Ici, on doit placer les jouets à leur place quand on a terminé le jeu. Va ranger les blocs."

Les enfants sont très territoriaux. Ils comprennent fort bien ce genre d'argument et s'adaptent d'un endroit à un autre aux consignes exigées par le guide alors présent. C'est ainsi que certains enfants peuvent complètement changer d'attitude d'un endroit à un autre, car ils savent reconnaître les limites imposées à l'école, à la maison, au centre sportif, à la garderie, etc. Malheureusement, cette simple explication ne suffit pas à convaincre Mathieu et la résistance continua.

Mathieu (fâché): "Non, je n'ai pas envie de le faire! Je veux m'en aller!"

Moi (calmement): "Tu pourras t'en aller tout de suite après avoir rangé les blocs." Comme Mathieu restait près de la porte, je le pris par le bras et l'entraînai doucement vers l'entrée du salon. Pour l'aider à surmonter la résistance, je lui dis d'un ton encourageant: "Regarde, il n'y en a pas tellement! Tu es très rapide, tu auras vite fini."

Plutôt que de se décider, il s'assit par terre, croisa les bras et déclara: "Pas question!" Ça, c'est de la résistance! Nous étions dans une impasse. Il attendait manifestement que je capitule. Je savais de mon côté que si je cédais, la règle édictée ne serait pas intégrée et que tout serait à recommencer à la prochaine visite. Finalement, après un temps de réflexion qui me parut interminable, je me penchai et pris les mains de Mathieu avec mes mains. Il se laissa mollement traîner dans le salon où je ramassai un à un les blocs avec ses mains, jusqu'à ce qu'ils soient tous rangés.

Moi: "Je te remercie Mathieu d'avoir placé les blocs dans la boîte. Tu peux maintenant t'en aller chez toi."

Mathieu (sautant sur ses pieds comme un ressort): "Je vais le dire à ma mère et je ne reviendrai plus jamais ici!" Et il partit en claquant la porte. J'aurais pu croire que je venais de me faire un ennemi mortel! Et que croyez vous qu'il arriva? Hé, oui! Dès le lendemain, Mathieu était de retour de fort bonne humeur et demandait, mine de rien, à jouer avec mon fils. Cette fois, je ne commis pas l'erreur du début!

Moi: "Tu peux venir jouer, bien sûr! Mais auparavant, te rappelles-tu le règlement dont je t'ai parlé, hier? Quand tu sors un jouet ou un jeu, tu es responsable de le ranger à la fin, d'accord?"

Mathieu: "O.K!"

Je n'ai plus jamais eu de problèmes avec Mathieu à ce sujet. Il avait accepté la consigne et il l'appliquait sans regimber. La résistance, bien que de courte durée, avait été l'étape décisive de ce changement d'attitude. Bien sûr, de temps à autre, il lui arrivait d'oublier. Un simple rappel verbal était habituellement suffisant pour le remettre sur les rails. Il ne me restait plus qu'à corriger l'oubli occasionnel.

4- Corriger l'oubli occasionnel

Vient un moment où l'enfant réalise que la règle est sérieuse, stable et avantageuse. Elle est alors intégrée dans le code de conduite et l'enfant modifie sa conduite pour s'y conformer. À partir de là les conflits dus à la résistance diminuent radicalement et l'enfant se comporte de manière à respecter la règle. Nous voilà maintenant sur le pilote automatique! Cela ne signifie pas que tout est terminé. Il faut d'abord rappeler la règle de temps à autre et continuer de superviser à distance. Malgré ces précautions, il arrivera parfois que l'enfant déroge à la consigne. Il ne restera plus qu'à corriger ces écarts de conduite.

Corriger l'oubli occasionnel au fur et à mesure

La discipline se fait au présent. Lorsque le jeune contrevient à la règle, la correction de la trajectoire ne doit pas être différée dans le temps. Il est, par exemple, tout à fait inefficace de dire "Attends que ton père arrive à 16 heures", quand le problème se pose à 10 heures. Une telle attitude a pour conséquence de compromettre votre crédibilité auprès du jeune, d'atténuer l'effet de la conséquence et même de la rendre inopérante. Une réponse prompte à une réaction inadéquate supprime également l'escalade de la tension.

Le parent qui est confronté à un problème répétitif est celui qui doit le gérer. Bien entendu, il peut demander conseil à d'autres personnes impliquées dans l'éducation de son enfant, solliciter leurs trucs dans une situation similaire, discuter de la façon dont ils s'y prennent avec cet enfant ou, dans des cas particuliers, faire appel à un spécialiste. Cependant, il ne peut déléguer à ces autres éducateurs l'entière responsabilité de résoudre son conflit sans y participer activement.

Par exemple, la mère qui demande au père de "parler à son fils" pour qu'il se tienne tranquille en son absence, ne gagne habituellement qu'un court répit. La problématique risque fort de persister aussi longtemps que le guide impliqué (dans ce cas, la mère) n'a pas essayé et trouvé une approche pour aider son enfant à changer avec elle.

Corriger l'oubli en privilégiant les moyens les plus positifs possibles

Les chapitres 4, 5 et 6 présentent une série de moyens que le parent ou l'éducateur peut employer pour vaincre la résistance ou corriger l'oubli occasionnel. Certains d'entre eux sont classés comme étant positifs (+ +), d'autres comme étant neutres (+ -) et une dernière catégorie sont négatifs (- -). Les symboles (+ +), (+ -) et (- -) vous aideront à les identifier rapidement.

Le parent ou l'éducateur choisira d'abord des moyens positifs (+ +) pour contrôler le comportement de l'enfant. Si ces méthodes échouent, il optera alors pour une des approches neutres (+ -). Les sanctions négatives (- -) doivent être résolument écartées car leurs effets néfastes sont plus importants que les avantages qu'elles induisent.

L'application et la supervision du code de conduite se feront avec FERMETÉ, RÉGULARITÉ et SOUPLESSE. Le parent n'intervient pas toujours à chaque incartade. Il lui arrivera d'être trop fatigué ou préoccupé pour agir ou de modifier la règle en certaines circonstances (par exemple de coucher l'enfant plus tard parce qu'il y a de la visite). Ne vous en faites pas pour ces petites variations tout à fait normales!

Renforcer aussi le bon comportement

Lorsque l'enfant fait des efforts pour se conformer à vos exigences, ne les ignorez pas! S'il est important d'intervenir sur les agissements indésirables, il est primordial de manifester votre contentement face aux conduites appropriées. Bien des parents ne s'occupent de leur enfant que lorsqu'il agit mal et ne disent rien lorsqu'il joue paisiblement avec ses amis, qu'il prête ses affaires gentiment, qu'il met le couvert spontanément ou qu'il obéit aux demandes de ses parents sans rouspéter.

Ayez à coeur de donner des renforcements positifs lorsque votre enfant agit bien. Il faut toujours équilibrer les interventions neutres et les positives en faveur de ces dernières.

En résumé:

Faire de la discipline, c'est guider l'enfant dans ses comportements en effectuant un repérage des limites avec bienveillance. Voici les étapes à suivre:

1- Établir la règle du jeu
   √ Réaliste
   √ Centrée sur l'essentiel
   √ Claire et précise

2- Annoncer le code
   √ Selon un mode affirmatif
   √ En indiquant la contrepartie
   √ Dans un contexte positif
   √ Rappeler le code

3- Aider l'enfant à vaincre la résistance
   √ Prévoir à l'avance quelles stratégies vous utiliserez
   √ Agir et passer le test!

4- Corriger l'oubli occasionnel
   √ Au fur et à mesure
   √ En privilégiant les moyens les plus positifs possibles
   √ Renforcer aussi le bon comportement

L'application et la supervision du code de conduite se feront avec FERMETÉ, RÉGULARITÉ et SOUPLESSE.

CHAPITRE 4 - LES MOYENS POSITIFS

CHAPITRE 4 - Les moyens positifs

La discipline est un défi concret relevant de la pratique, c'est une réponse diversifiée à des comportements variés. Chaque situation étant particulière et chaque enfant unique, il est essentiel de ne pas se reposer entièrement sur une même stratégie pour vaincre la résistance de l'enfant, pour l'amener à se discipliner ou pour corriger l'erreur occasionnelle. Certaines modes promettent de résoudre tous les problèmes et tous les conflits à l'aide d'une technique miracle qui détrône toutes les autres. Dans les faits, aucune méthode ne répond infailliblement à tous les problèmes de comportement ou à toutes les situations qui peuvent se présenter.

Le parent peut avoir expérimenté une technique qui fonctionnait bien avec son aîné, comme d'envoyer l'enfant en colère dans sa chambre jusqu'à ce qu'il se calme. Il s'attend à obtenir le même succès dans une situation semblable avec son cadet. Que faire si la même technique se révèle inefficace avec le second enfant, malgré des essais répétés? Blâmer l'enfant ou s'obstiner avec une méthode qui ne donne manifestement pas de résultats risque d'amener tout le monde dans une impasse. Il ne faut pas hésiter à varier les stratégies!

Le parent ou l'éducateur prendra le temps d'analyser chaque problématique, de vérifier qu'il ne s'agit pas d'un problème physique ou affectif, puis d'adapter avec souplesse les moyens appropriés. Certains enfants nécessiteront un encadrement plus ferme que d'autres. Ceci est normal car, pris individuellement, chaque enfant présente une combinaison d'âge, de tempérament, d'humeur et d'expérience qui lui est propre. Votre manière de le diriger sera plus efficace si vous tenez compte de ces différents facteurs.

Le répertoire exposé dans les chapitres 4, 5 et 6 n'a pas pour objectif d'inventorier toutes les techniques existantes. Il propose et analyse plutôt un éventail de stratégies pour aider le parent ou l'éducateur à y voir clair dans la multitude de techniques disciplinaires préconisées par les différentes écoles de pensée et l'inciter à être créatif et positif.

Comment se servir de ce répertoire

Vous devez choisir un moyen d'entraîner votre enfant en fonction de son âge, de son tempérament, de la situation et des autres méthodes que vous avez utilisées précédemment. Ce répertoire vous aidera à sélectionner un moyen approprié pour vaincre la résistance de votre enfant face à une nouvelle règle ou corriger l'erreur occasionnelle.

Il y a une multitude de façons d'appliquer et de faire respecter un code de conduite. Certaines approches sont positives et renforcent le bon comportement de l'enfant, d'autres visant d'abord à réprimer les attitudes inacceptables, sont négatives et nuisibles. Une dernière catégorie de stratégies peut être considérée comme neutre, ces moyens pouvant s'avérer positifs s'ils sont insérés parmi des mesures positives, ou négatifs s'ils sont assortis uniquement à des stratégies négatives. La caractéristique versatile de ces techniques peut donc les rendre utiles ou inopérantes.

La clef est d'essayer, dans la mesure du possible, des moyens positifs en premier lieu. Si ceux-ci ne fonctionnent pas, on choisira une manière neutre. Bien entendu, il faut aussi être pragmatique. Si votre enfant s'élance vers une rue passante, la seule technique valable dans l'instant consiste à l'arrêter et à lui dire sans ambages que la route est dangereuse et qu'il ne doit pas agir de la sorte (intervention physique et réprimande verbale). Dans les circonstances, vous aurez réagi au seuil de positivité approprié.

Les moyens positifs seront identifiés par le symbole (+ +).
Les moyens neutres seront étiquetés du symbole (+ -).
Les moyens négatifs sont indiqués par le symbole (- -).

Envisagez d'abord les stratégies positives. Si celles-ci échouent ou ne conviennent pas pour différentes raisons, optez pour une approche neutre. Les moyens négatifs, par contre, seront à éviter en tout temps. Leur utilisation, même occasionnelle, n'est recommandée en aucun cas, car ces moyens sont préjudiciables à l'enfant, minent son estime de lui-même et le prédisposent à la destructivité. Leur utilisation fréquente entraîne une lutte de pouvoir et une escalade de la colère chez l'enfant et des mesures punitives encore plus restrictives chez le parent. S'il vous arrive quand même de les utiliser, reprenez-vous, tout simplement, puis faites en sorte que ces réactions demeurent exceptionnelles. Et rassurez-vous, cet accident de parcours n'aura gâché en aucune manière le reste de vos efforts, ni traumatisé votre enfant.

Chaque moyen sera illustré par des exemples pour:

- les enfants d'âge préscolaire (deux à six ans);
- les jeunes d'âge scolaire (sept à douze ans);
- les adolescents (treize à dix-sept ans).

Rappelez-vous qu'un problème donné peut être résolu de multiples manières; celles citées dans ces exemples n'en sont qu'une. Ne craignez pas de varier régulièrement votre approche. Si vous vous limitez à deux ou trois techniques, celles-ci finissent par s'user et ne plus avoir d'effets. Le parent, tel un magicien, doit avoir plus d'un tour dans son sac!

La question qu'il convienne de se poser lors des premiers essais ou de temps à autre est: "Est-ce que ça marche?" Cette approche aide-t-elle efficacement le jeune à modifier sa conduite, sans nuire à la relation affective parent-enfant?" Si vous répondez positivement à cette interrogation, continuez! Sinon, ne vous découragez pas et adoptez un nouveau moyen. Avec le temps et la pratique, vous parviendrez à mieux cerner chaque situation et à identifier plus facilement la technique qui donnera le résultat le plus satisfaisant.

Comment choisir une stratégie appropriée

Ciblez et décrivez avec précision le problème que vous vivez avec votre enfant. Pensez en terme de faits concrets ("Elle crie à la moindre contrariété", plutôt que "Elle est tannante"). Si votre enfant présente plus d'un comportement perturbant, choisissez en un seul:

_____

Ce comportement a-t-il une cause physique? _____
Si oui, laquelle?_____
Vous pourrez atténuer ou neutraliser le problème en répondant au besoin physique qui est lié à l'inconduite.

Ce comportement a-t-il une composante affective? _____
Si oui, laquelle?_____
Vous pourrez atténuer ou neutraliser le problème en répondant au besoin affectif qui est lié à l'inconduite (relire p. 19 à 25).

Considérez maintenant les stratégies suivantes. Écrivez comment vous pourriez appliquer chaque technique au comportement que vous avez décrit. Cochez ensuite à gauche toutes celles que vous avez essayées et qui n'ont pas donné de résultats satisfaisants:

☐ L'exemple (+ +) _____

_____

☐ L'encouragement, l'approbation, les félicitations, les
compliments et les remerciements (+ +) _____

_____

☐ Les techniques d'écoute (+ +) _____

_____

☐ Adapter le milieu (+ +) _____

_____

☐ Le jeu (+ +) _____

_____

☐ Le hors-jeu (+ +) _____

☐ La conséquence naturelle et / ou logique (+ +)_____

☐ La diversion (+ +)_____

☐ Le tableau d'encouragement (+ -)_____

☐ Ignorer l'attitude négative (+ -)_____

☐ La réparation (+ -) _____

☐ Le privilège (+ -) _____

☐ La récompense matérielle (+ -)_____

☐ La réprimande verbale (+ -) _____

☐ L'intervention physique (+ -) _____

☐ L'avertissement (+ -)_____

☐ Le contrat (+ -) _____

☐ Le retrait de privilège (+ -)_____

☐ La confrontation dirigée (+ -)_____

Éliminez maintenant parmi les stratégies non cochées celles qui ne peuvent s'appliquer au comportement décrit ou qui ne sont pas réalistes compte tenu de l'âge de l'enfant ou de sa personnalité.

Vous avez terminé le bilan des interventions qui ne sont pas appropriées dans ce cas. Donc, les stratégies non cochées sont celles susceptibles de réussir auprès de votre enfant. Sélectionnez-en une parmi les plus positives, et appliquez-la avec fermeté et constance. Bien entendu, vous aurez indiqué à votre enfant le code de conduite attendu au préalable. Si cette stratégie ne donne pas de résultats satisfaisants, optez pour une autre technique non cochée parmi les plus positives. Si celle-ci ne fonctionne pas, poursuivez vos essais en rétrogradant vers les techniques neutres.

Évitez en tout temps d'avoir recours aux stratégies négatives suivantes:

☒ L'isolement prolongé et/ou dans un lieu restreint (- -)

☒ Les menaces (- -)

☒ Les humiliations (- -)

☒ Les insultes (- -)

☒ Les moqueries (- -)

☒ Les cris (- -)

☒ Les sermons (- -)

☒ Les critiques (- -)

☒ La culpabilisation (- -)

☒ La punition corporelle (- -)

Exemples

<u>Le jeune qui est agressif et batailleur</u>

Ciblez et décrivez avec précision le problème que vous vivez avec votre enfant. Si votre enfant présente plus d'un comportement perturbant, choisissez en un seul:
Pierre (11 ans) tape les autres enfants et cherche la bataille.

Ce comportement a-t-il une cause physique? *Non*
Si oui, laquelle?
Vous pourrez atténuer ou neutraliser le problème en répondant au besoin physique qui est lié à l'inconduite.

Ce comportement a-t-il une composante affective? *Oui*
Si oui, laquelle? *Cela est pire depuis que ses parents sont séparés.*
Vous pourrez atténuer ou neutraliser le problème en répondant au besoin affectif qui est lié à l'inconduite (relire p. 19 à 25).

Considérez maintenant les stratégies suivantes. Écrivez comment vous pourriez appliquer chaque technique au comportement que vous avez décrit. Cochez ensuite à gauche toutes celles que vous avez essayées et qui n'ont pas donné de résultats satisfaisants:

☐ L'exemple (+ +) *Ne pas présenter un modèle agressif (crier, frapper l'enfant, se disputer violemment avec le conjoint, etc.). Lui montrer comment résoudre un conflit sans se battre.*

☐ L'encouragement, l'approbation, les félicitations, les compliments et les remerciements (+ +) *Remarquer les fois où il réagit à une frustration sans s'emporter, souligner ses efforts.*

☐ Les techniques d'écoute (+ +) *Écouter ses sentiments par rapport à la séparation de ses parents: déception, injustice, colère. Encourager l'expression verbale des sentiments agressifs.*

☐ Adapter le milieu (+ +) *Favoriser la fréquentation d'amis plus pacifiques, diminuer les jeux vidéo ou les émissions de télévision à contenu violent. Les parents suivent des cours d'écoute active.*

☐ Le jeu (+ +) *Acheter des jeux de société coopératifs, inscrire le jeune à un cours susceptible de canaliser son énergie de façon acceptable et d'enseigner l'empathie, le respect des règles et la maîtrise de soi (sport d'équipe, sport de contact, théâtre ...)*

☐ Le hors-jeu (+ +) *Demander au jeune de se retirer seul à l'écart quelques minutes pour se calmer quand il sent la colère monter.*

☒ La conséquence naturelle ou logique (+ +) *Non-applicable.*

☐ La diversion (+ +) *"Quand tu as envie de te défouler, tape dans ce punching-ball et non sur les gens."*

☐ Le tableau d'encouragement (+ -) *On note les améliorations sur une feuille de route et on l'étudie avec le jeune.*

☒ Ignorer l'attitude négative (+ -) *Non-applicable dans ce cas.*

☐ La réparation (+ -) *Présenter des excuses pour avoir frappé.*

☐ Le privilège (+ -) *À chaque journée sans agression le jeune peut se coucher trente minutes plus tard.*

☐ La récompense matérielle (+ -) *Une amélioration dans la conduite agressive est soulignée par un petit cadeau "surprise".*

☐ La réprimande verbale (+ -) *"Je n'accepte pas que tu frappes ton frère! Quand tu es fâché, dis-lui plutôt ce qui ne va pas!"*

☐ L'intervention physique (+ -) *Retenir son bras quand il veut frapper, l'escorter à sa chambre pour qu'il se calme.*

☐ L'avertissement (+ -) *Le témoignage d'une personne de la famille ou d'un ami qui a eu des ennuis à cause de son impulsivité.*

☐ Le contrat (+ -) *Mettre par écrit une entente.*

☐ Le retrait de privilège (+ -) *Quand le jeune a été agressif, il perd le droit de regarder un film ou une émission de télévision à contenu violent ou valorisant l'agressivité.*

☒ La confrontation dirigée (+ -) *Non-applicable dans ce cas.*

Les interventions présentées dans cet exemple ne sont pas les seules possibles. Pour chaque stratégie, vous pourriez en imaginer d'autres.

Les jeunes qui se disputent

Trouver la cause d'une querelle vous aidera à choisir une stratégie appropriée. Les disputes prennent naissance pour une foule de motifs.

- Parce qu'ils s'ennuient et ne savent que faire. Aidez-les à trouver une occupation individuelle ou une activité commune (technique de l'adaptation du milieu). Mon précédent livre *Comment occuper et amuser vos enfants*, est un répertoire de jeux, de bricolages et d'activités qui ne vous laissera jamais à court d'idées;

- Pour défendre un territoire ("Il joue dans ma chambre!"). Permettez à chacun de vos enfants d'avoir un lieu privé bien à lui. Ce peut être un tiroir, un placard, une chambre ou autre, selon l'espace dont vous disposez. Enseignez à vos enfants à respecter cet endroit désigné, et à demander la permission au propriétaire avant d'y aller. Si l'empiétement relève plus de la provocation ("Mamaaan! Il a mis le pied dans ma chambre!"), il y a fort à parier que l'enfant qui agace s'ennuie. Aidez-le à trouver une occupation;

- Pour s'approprier un objet ("Ceci est à moi! C'est à mon tour! ..."). Dans ces situations, demandez à chaque enfant d'expliquer le problème, à tour de rôle. Accordez 30 à 60 secondes à chacun pour exposer son point de vue en terme de "Quel est le problè- me?" et non en termes de "À qui la faute?". Résumez ensuite le conflit ("Je vois. Ce jeu vidéo est pour un seul joueur à la fois et vous avez le goût de jouer tous les deux."), puis proposez des solutions ("Vous pourriez utiliser la minuterie de cuisine, vous pourriez mettre un jeu qui se joue en équipe, etc."). Invitez-les à émettre d'autres idées de solution, puis à en sélectionner une et à l'appliquer;

- Pour se défouler parce qu'ils sont furieux. Séparez les opposants en les envoyant dans deux endroits différents (technique du hors-jeu). Une fois le calme revenu, reprenez les étapes décrites dans le paragraphe précédent. Si vous constatez qu'un enfant tente d'en dominer un autre pour se valoriser, répétez-lui le code de conduite approprié ("Les bagarres ne sont pas un comportement acceptable, même "pour le fun""). Consultez l'exemple précédent sur l'enfant agressif;

- Pour attirer votre attention. Essayez d'ignorer les petites chamailleries sans gravité et de souligner chaleureusement les moments d'harmonie;

- Les jeunes essaieront parfois de vous faire prendre parti. Si le parent peut départager les responsabilités de chacun lorsqu'il a assisté au conflit, il est toujours délicat d'arbitrer une dispute qui s'est déroulée sans que vous en ayez connaissance. Une bonne politique pour contourner le rôle du juge pourrait être de ne donner raison ou tort que lorsque vous avez vu ce qui s'est passé ou quand il y a des preuves évidentes qui indiquent un fautif (jouet brisé ou blessure causée délibérément et non accidentellement);

- Si une même accusation est portée régulièrement sans que vous puissiez jamais voir la conduite reprochée ("Il me menace avec son poing, sans raison, et cela me fait peur.") tandis que l'opposant nie ("Je n'ai rien fait!"), indiquez fermement le code de conduite à chaque enfant ("Jean, tu sais que menacer du poing est un acte que je ne tolérerais pas que tu fasses, même pas en cachette" et "Toi, Philippe, tu sais que je n'aimerais pas que tu inventes un mensonge pour faire punir ton frère."). Faites une période de désensibilisation à ce jeu de rôle négatif en les tenant occupés séparément le plus souvent possible. Soyez vigilant lorsqu'ils sont ensemble.

Les moyens positifs (+ +)

Les stratégies positives sont celles que l'on devrait privilégier en premier lieu. Ces techniques sont efficaces à court terme, à moyen terme et à long terme. Elles respectent les besoins affectifs de l'enfant et favorisent son mieux-être. On peut les employer aussi souvent que nécessaire. Ce sont:

- L'exemple;
- L'encouragement, l'approbation, les félicitations, les compliments, les remerciements;
- Les techniques d'écoute;
- Adapter milieu;
- Le jeu;
- Le hors-jeu;
- La conséquence naturelle et / ou logique;
- La diversion.

L'exemple (+ +)

La modélisation est une des formes d'apprentissage les plus anciennes de l'humanité. Les enfants ont besoin de s'attacher à un modèle, on pourrait même dire qu'ils sont de véritables petits copieurs! On remarque que les parents anxieux ont des enfants anxieux, que des expressions ou certaines manies sont reprises par les chers rejetons. Plus le lien affectif est fort, plus l'enfant s'identifiera au guide aimé.

Vous pouvez tirer parti de la tendance naturelle de l'enfant à imiter les personnes significatives de son entourage. Soyez une source d'inspiration! Si vous voulez un enfant persévérant, donnez-lui l'exemple! Vous souhaitez que vos enfants soient honnêtes? Soyez-le vous-même! Les contradictions du style "Fais ce que je dis, non ce que je fais" (comme prêcher l'honnêteté et frauder à la douane), sabotent votre crédibilité et engendrent la réaction inverse. Entre ce qui est prôné et ce qui est appliqué, le jeune est toujours plus marqué par les actes. Les adolescents sont particulièrement sensibles à ces incohérences entre les paroles et les actions.

Chaque fois qu'une attitude de votre enfant vous déplaît, examinez votre propre conduite. Il n'y a pas de meilleure réponse à une attitude négative qu'un modèle positif. Montrer l'exemple est davantage qu'une technique de plus: c'est une nécessité. Si je n'avais eu qu'une seule approche à recommander dans ce livre, c'eut été celle-ci: Donnez l'exemple!

Exemples

L'enfant qui ne fait pas une tâche simple qui lui est demandée

Lorsque l'enfant rechigne à exécuter une petite tâche comme de ramasser ses jouets, le parent peut le motiver en disant "Viens, je vais te montrer comment faire" ou "Ramassons ensemble!"

Le tout-petit, curieux, est toujours ravi de pouvoir suivre son parent dans ses activités quotidiennes et demande souvent l'autorisation de l'aider. Mettez à profit sa bonne volonté en lui approchant une chaise ou un escabeau pour qu'il puisse vous observer, en l'initiant à la préparation des repas, en lui permettant d'essuyer la vaisselle incassable, en lui expliquant ce que vous faites.

Le jeune qui n'aime pas lire

Une étude au Danemark a démontré que 82 % des jeunes de six à neuf ans qui avaient des difficultés de lecture, avaient à leur disposition moins de dix livres à leur domicile. Quand les parents ne lisent pas, les enfants sont peu portés à le faire. Cent exhortations ne sauraient remplacer la force de l'exemple! Cela ne signifie pas que vous devez dépenser une fortune en livres. Le simple fait de lire le journal une fois par semaine devant vos enfants, d'abonner la famille à une revue ou de fréquenter chaque semaine la bibliothèque municipale constitue déjà un bon stimulant à la lecture.

Le jeune qui se déprécie

Plusieurs études ont trouvé une corrélation entre l'estime de soi du parent et celle de l'enfant. Toutes vos attitudes ont tendance à "déteindre" sur votre enfant. Si vous n'avez pas de vous-même une image positive, il vous sera difficile de communiquer une saine estime de soi à votre enfant. Offrez à votre enfant l'exemple d'un parent qui se respecte et qui ne se rabaisse pas. De même, si vous voulez un enfant enthousiaste et positif, donnez-lui l'exemple en étant vous-même optimiste et motivé.

L'adolescent qui est attiré par les drogues

Le parent qui prône la non-utilisation des drogues, mais engloutit cachets et médicaments sans raison médicale sérieuse, ou boit de l'alcool de manière abusive, contredit ses propres paroles. L'adolescent aura beau jeu de rétorquer "Tu n'as pas de leçon à me donner!" quand vous le mettrez en garde contre l'expérimentation des drogues. Si vous souhaitez diminuer votre consommation d'alcool, reconnaissez-le. Ce n'est pas un signe de faiblesse que de dire "Tu as raison. Je vais joindre un groupe de soutien et me défaire de cette dépendance à l'alcool." Il faut au contraire un certain courage pour admettre que l'on est humain et faillible, et beaucoup de détermination pour entreprendre de s'améliorer. Si vous le faites vraiment, votre adolescent vous admirera pour ces qualités et, éventuellement, adoptera votre point de vue.

L'adolescent paresseux

Le parent qui se plaint continuellement de son patron et se vante de bâcler son travail ne devra pas être surpris que son enfant ne voit pas la nécessité de travailler en classe ou de fournir un effort dans une tâche qui lui est confiée. Bannissez les petites phrases qui dénigrent le travail du genre "Ce sont toujours les mêmes qui ont tout!", "C'est désespérant, on ne s'en sortira jamais", "Ça ne donne rien d'en faire trop, on n'est pas payé plus cher..." Ces commentaires dévalorisent le travail et peuvent inciter votre jeune à la paresse.

L'encouragement, l'approbation, les félicitations, les compliments et les remerciements (+ +)

À une certaine époque, bien des parents croyaient qu'il était malsain de complimenter ou de féliciter un enfant. Les parents qui souscrivaient à cette idée craignaient de rendre leurs enfants vaniteux, prétentieux et suffisants, attitudes qui pouvaient les mener au péché capital de l'orgueil! S'il est vrai que les flatteries et les louanges imméritées peuvent induire ou accroître un narcissisme forcené, des signes de reconnaissance positifs, sincères et bien dosés contribuent à une bonne estime de soi, renseignent l'enfant sur ses compétences et l'aident à adopter la conduite ainsi soulignée.

Savoir reconnaître et stimuler les bons comportements de nos enfants est aussi important, sinon plus, que de détecter et corriger les agissements répréhensibles. Les mots ont un pouvoir étonnant! Des mots gentils peuvent nous rendre heureux pendant toute une journée. Des mots durs peuvent nous perturber pendant une semaine. Les êtres humains s'épanouissent et coopèrent volontiers lorsqu'ils se sentent appréciés de leur entourage. Les encouragements et les compliments sont comme de l'engrais. Remarquez comme les enfants et les jeunes, tout comme les adultes d'ailleurs, sont avides de commentaires positifs sur tout ce qu'ils font de bien.

Nombre de parents et d'éducateurs ayant reçu peu d'approbations et de gratifications durant leur enfance doivent cependant combattre leur propre éducation. "Je n'ai pas été habituée à cela" me confiait une mère. "On ne peut pas donner ce qu'on n'a pas eu" m'affirmait une autre d'un air résigné. Autrement dit "Comment faire pour changer?". Et d'abord est-il possible de changer? Ma réponse à cette quetion est un formidable "Oui!". On ne peut pas effacer le passé mais on peut modifier notre ancienne programmation aux conditions suivantes:

1- Etre conscient des lacunes que l'on a vécues. À celle qui me dit "Je n'ai pas été habituée à complimenter les autres", je demande "Croyez-vous que c'est important de le faire avec vos enfants?" Si elle me répond "Non, cela me semble inutile", je sais que le premier travail qu'il y a à faire est de lui faire prendre conscience que cette idée reçue est néfaste.

2- Entrer en communication avec un jeune nous ramène au contact que l'on a avec nous-même, avec notre enfant intérieur. Regardez des photos de vous, enfant. Vous rappelez-vous d'une situation où vous étiez fier d'une réalisation ou d'une initiative et où aucun adulte ne vous a encouragé et vous a peut-être même rabroué? Comment vous sentiez-vous? Imaginez que vous devez garder aujourd'hui cet enfant âgé de trois ans, cinq ans ou dix ans. Que pensez-vous de lui? Le trouvez-vous aimable ou insupportable?

Le livre de John Bradshaw, *Retrouver l'enfant en soi*, propose une série d'exercices pour renouer avec l'enfant qui est en nous. Dans l'exercice de la photographie, vous devez prendre une photo de vous bébé (puis enfant), la regarder attentivement, puis imaginer que vous voulez adopter cet enfant, que vous le désirez. C'est vous, petit. Vous écrivez ensuite une courte lettre à cet enfant, en lui disant par exemple que vous l'aimez, que vous l'acceptez. Puis, écrivez avec votre main non-dominante la réponse de ce petit être, comment il se sent.

3- Etre prêt à faire l'effort de s'améliorer. On ne peut pas donner ce qu'on n'a pas eu, c'est vrai aussi longtemps que l'on est inconscient de nos carences et isolé de nous-mêmes, de nos propres sentiments. Lorsque ces deux pas sont franchis, il devient possible d'agir plutôt que de réagir! L'adulte peut alors dire consciemment "Voilà ce que j'ai vécu, voilà ce que j'ai fait pour combler mes manques et voilà maintenant ce que je décide de faire à l'avenir". Je n'ai jamais été fêté pour mon anniversaire, l'enfant en moi se sent triste et délaissé. Auparavant, quand mon fils voulait inviter des amis pour faire la fête, je m'opposais. Maintenant, j'ai décidé de lui donner la permission de faire un "party". Mieux encore, je m'autorise à en préparer un pour moi, à mon anniversaire!

Exemples

<u>Des renforcements positifs pour votre enfant</u>

Voici des suggestions de compliments et d'encouragements que l'on peut dispenser à nos tout-petits lorsque l'opportunité se présente:

- Bravo, ça ne t'a pas pris de temps pour te préparer ce matin!
- Je te félicite, tu n'as pas crié après ta soeur quand elle a pris ton jouet!
- C'est joli cette chanson, tu chantes bien!
- Merci pour ce dessin que tu m'as fait! Je l'affiche tout de suite sur la porte du réfrigérateur;
- Tu parles bien, je suis fière de toi!
- Félicitation! Tu n'as pas fait de crise aujourd'hui!
- Tu es bien beau ce matin!
- J'apprécie que tu m'aides à mettre le couvert!

<u>Des renforcements positifs pour votre jeune</u>

Voici quelques propos qui feront grand plaisir à vos jeunes:

- Je te remercie d'avoir essuyé la vaisselle, cela m'a rendu service!
- C'est du beau travail, tu es un bon travaillant!
- Je suis contente que tu aies fait ton lit!
- Bravo champion! Je suis très contente de ton bulletin!
- Comme c'est fin d'avoir un enfant aussi serviable!
- Ton gâteau est réussi!
- Tu nages comme un poisson!
- Tu t'améliores beaucoup en français, continue!
- Tu en sais des choses, toi! Tu m'en apprends!
- Tu as de beaux talents, tu vas aller loin dans la vie!
- Je vois que l'on peut te faire confiance!
- Merci d'avoir pensé à m'appeler pour me dire où tu étais. Après cela je n'étais plus inquiète.

<u>Les jeunes qui se disent peu de choses gentilles</u>

Un exercice que l'on peut faire avec les jeunes pour les aider à s'apprécier mutuellement est le bombardement d'encouragements. Chaque participant doit écrire puis dire à tour de rôle trois qualités qu'il apprécie chez chacun des autres membres du groupe. On peut aussi le faire lors des anniversaires: les frères et soeurs de l'enfant fêté ainsi que les parents écrivent dans la carte trois choses qu'ils aiment dans la personnalité du jeune. "J'aime ta façon de me raconter des histoires", "Je trouve que tu as toujours des bonnes idées pour jouer à des jeux", "J'apprécie quand tu m'aides à trouver un objet perdu", "Je trouve que tu as de beaux cheveux", etc. sont autant de petits velours qui font du bien et qui contribuent à renforcer les liens fraternels.

Des renforcements positifs pour votre adolescent

Vos adolescents apprécieront des remarques positives comme celles-ci:

- Tu as le tour pour garder les enfants!
- J'aime ton langage et ta diction ! C'est une qualité qui sera sûrement remarquée de tes futurs employeurs!
- Veux-tu me donner ton avis sur cette couleur? Je trouve que tu as le sens de la décoration!
- Ne te décourage pas si tu as été refusé au premier tour! Rappelle-toi que Steven Spielbierg a été refusé à la Faculté de cinéma mais que ça ne l'a pas empêché de réussir dans le domaine qu'il avait choisi;
- Je trouve ta nouvelle amie bien sympathique!
- Personne ne réussit une omelette comme toi!
- J'apprécie ta franchise!
- J'aime beaucoup ton poème. Tu as un vrai talent d'écrivain!
- Je suis sûre que tu vas réussir! Lâche pas, tu es capable!
- Tu as des bonnes idées, toi!
- Je suis fière de toi, tu as une belle personnalité!
- Je te félicite de ne pas fumer. Tu ne te laisses pas influencer par n'importe qui!
- Merci d'avoir peinturé la galerie. C'est du travail de pro!
- J'ai remarqué que tu avais rangé ta chambre. C'est agréable!
- Cette nouvelle coiffure te va bien!

Les techniques d'écoute (+ +)

Nous avons vu au premier chapitre que la satisfaction des besoins affectifs prévenait les problèmes de discipline. Ces deux facteurs étant fréquemment liés, le parent ou l'éducateur doit s'exercer à discerner les sources réelles d'une inconduite, plutôt que de conclure systématiquement à un besoin de discipline. Pour effectuer un tel décodage efficacement, il est essentiel d'en apprendre plus sur le problème. D'où l'importance capitale de l'écoute. Les agents d'aide professionnels connaissent bien les différentes techniques d'écoute. Vous pouvez apprendre vous aussi à les employer pour mieux communiquer avec votre enfant. Il existe plusieurs niveaux de dialogue:

1- Le petit bavardage est une conversation superficielle sur des banalités ("Il fait beau...") ou la routine ("As-tu fais ton lit?"). À ce stade, la communication est minimale;

2- La conversation sur des faits est le partage de l'information seulement, sans révéler ce qu'on en pense ("J'ai un examen en mathématique aujourd'hui...");

3- Les idées et les opinions ne sont émises que lorsque la personne ne craint pas d'être jugée ou ridiculisée ("Je trouve le professeur de mathématiques trop sévère..."). Une écoute adéquate vous permettra d'accéder à ce stade;

4- Un échange plus profond inclut les sentiments et les émotions ("Je déteste ce prof!");

5- Le dialogue intime se caractérise par l'apparition de confidences ("J'ai "loafé" trois cours de mathématique le mois dernier...)

Si la communication avec votre enfant se situe aux premiers niveaux depuis des mois ou des années, votre relation parent-enfant pourrait grandement être améliorée par l'exercice d'une écoute de qualité. L'écoute peut être passive ou active.

L'écoute passive

L'écoute passive consiste à rester silencieux lorsque le jeune parle, tout en démontrant une attitude réceptive par des signaux verbaux et non-verbaux. Les signes verbaux se limiteront à des "Mmmm... mmm", "Je vois", "Ah, oui?", "Oh" ou autres accusés de réception empathiques. Les signes non-verbaux sont constitués des gestes et de l'attitude physique émis par le récepteur. Regarder la personne qui parle, avoir une position décontractée, approuver de la tête, pencher le corps légèrement vers l'interlocuteur indiquent l'attention et l'ouverture. Pianoter des doigts sur la table, croiser les bras, serrer les dents, hausser les épaules démontrent de l'impatience, une faible réceptivité et de façon générale une fermeture à la communication.

L'écoute active

Popularisée par le psychologue Thomas Gordon, l'écoute active consiste à écouter attentivement ce que l'enfant dit, puis à reformuler dans nos mots le sentiment évoqué dans son message, de façon à s'assurer qu'il y a congruence entre le verbal et les sentiments perçus par l'interlocuteur. Si le parent a mal compris ou a interprété le message, l'enfant peut rectifier immédiatement la communication.

Le parent doit donc déceler et refléter le sentiment de l'enfant en le déformant le moins possible, comme un miroir. Il doit apprendre à éliminer les attitudes négatives qui déforment ce reflet comme les critiques, les jugements, les menaces, les blâmes, etc. Cette méthode est particulièrement efficace lorsque le jeune exprime des émotions négatives (peur, déception, jalousie, tristesse, irritation, etc.). L'écoute active apprend au parent à devenir plus empathique, elle aide l'enfant à penser par lui-même et à découvrir ses propres solutions et facilite la communication.

Par contre, lorsqu'il n'y a pas de sentiment en jeu ("Puis-je aller jouer chez Stéphane?") ou lorsque le problème est superficiel ("J'ai du mal à déchirer cet emballage.") l'écoute active s'avère moins utile, pouvant même confiner à de la redondance. Il faut donc l'employer à bon escient. Autre inconvénient, elle exige du temps et de la disponibilité de la part du parent, ce qui est parfois difficile à dénicher avec le rythme de la vie moderne!

L'acquisition de cette technique ne se fait pas aisément. Elle nécessite un effort de volonté et un entraînement, ce qui en décourage plus d'un, mais les résultats en valent la peine! Des cours et des livres enseignent cette technique spécifique. Renseignez-vous auprès de votre CLSC ou de votre Commission scolaire afin de savoir s'ils offrent ces cours dans votre localité.

Exemples

<u>L'enfant qui a un monstre dans son placard qui l'empêche de dormir</u>

Certains enfants craignent un monstre ou un personnage imaginaire qui occupe leur chambre et les empêche de dormir. Le parent allume habituellement la lumière, ouvre les placards, explore avec lui le moindre recoin pour lui prouver qu'il a tort... mais le monstre revient toujours! Le sentiment sous-jacent dans cette situation est la peur. Essayez l'écoute active! Le simple fait de pouvoir confier sa peur et d'être écouté avec empathie suffit souvent à l'exorciser.

L'enfant: "Il y a un monstre dans ma chambre!"

Le parent: "Tu as peur d'un monstre?"

L'enfant: "Oui! Il est tout vert et grand comme ça!"

Le parent: "Ce gros monstre qui ressemble à un dragon te fait peur."

L'enfant: "Non, ce n'est pas un dragon! Il a un long nez et des poils!"

Le parent: "C'est vraiment un monstre très laid."

L'enfant: "Oui. Est-ce que je pourrai te le dessiner demain?"

Le parent: "C'est une bonne idée."

L'enfant: "Je vais dormir maintenant, mais laisse la lumière allumée."

Le parent: "Tu a peur que le monstre revienne si la lumière est fermée?"

L'enfant: "Oui."

Le parent: "Alors je baisse la lumière, je ne la ferme pas. Bonne nuit!"

Autre exemple:

L'enfant: "Il y a un méchant bonhomme qui me regarde!"

Le parent: "Tu as peur d'un bonhomme qui est ici dans ta chambre?"

L'enfant: "Oui. Il me regarde."

Le parent: "Tu le vois vraiment quelque part dans ta chambre."

L'enfant (Indiquant un tableau représentantant un clown): "Oui, là!"

Vous connaissez maintenant l'origine de la crainte et pouvez l'éliminer.

L'enfant qui vous harcèle de questions

Une étude a trouvé qu'un enfant de trois ans pose jusqu'à 392 questions par jour. Pour gérer les inévitables répétitions, le parent peut essayer le reflet pour aider l'enfant à réfléchir par lui-même.

L'enfant: "Maman, pourquoi faut-il brosser ses dents après le repas?"

La mère: "Tu ne te rappelles pas pourquoi il faut brosser ses dents?"

L'enfant: "C'est à cause des petits microbes."

La mère: "Oui, c'est ça! Tu vois que tu connais la réponse!"

L'enfant qui vous accuse d'être injuste

Quand l'enfant vous accuse de ne pas être juste par comparaison à un autre enfant, ne vous justifiez pas mais cherchez les sentiments sous-jacents. "Tu as l'impression que je t'aime moins que ta soeur parce que je lui ai acheté des souliers aujourd'hui?"

Le jeune qui rejette son petit frère ou sa petite soeur

L'enfant déclare "Je déteste ma petite soeur!" avec hostilité. Une réaction typique consiste à nier ce sentiment en disant: "Ce n'est pas bien de dire pas cela! Tu sais bien que tu aimes ta soeur, voyons! Allons, sois gentil avec elle." Avec ce genre de réponse l'enfant se sent incompris et éprouve toujours de l'hostilité envers sa cadette. Les sentiments négatifs refoulés risquent alors de ressortir de façon plus sournoise. De plus, le parent n'a rien appris sur la source de cette mésentente. Avec l'écoute active l'expression verbale des sentiments négatifs est acceptée, ce qui diminue la tension et permet de progresser vers une solution.

Le jeune (agressif): "Je déteste ma petite soeur!"

Le parent: "Tu as l'air fâché contre ta soeur."

Le jeune: "Elle me dérange sans cesse durant mes devoirs!"

Le parent: "Je vois. Elle te pose tes questions pendant que tu étudies."

Le jeune: "Non! Je colore une carte de géographie et elle veut toujours avoir la couleur dont j'ai besoin! J'aimerais travailler seul!"

Le parent: "Je vais lui trouver une autre occupation. Accepteras-tu de lui prêter tes crayons de couleur quand tu auras terminé ta carte?"

Le jeune: "Oui, mais seulement quand j'aurai terminé mon devoir."

L'écoute active a permis un meilleur décodage de la situation, prévenu le rapport de force entre le parent et l'enfant et orienté la communication vers une solution satisfaisante pour toutes les parties.

Le jeune ou l'adolescent renfermé ou qui parle peu

Si votre enfant revient de l'école de mauvaise humeur, évitez d'ouvrir une enquête! Faites simplement une invitation au dialogue: "Je ne sais pas ce qui s'est passé dans ta journée mais cela semble fort désagréable. Repose-toi, et quand tu seras prêt à m'en parler, je serai dans le salon." Le mot de passe est "quand tu seras prêt".

Vous lui démontrez ainsi de l'empathie tout en lui laissant le temps de décompresser. Lorsqu'il vient ensuite de lui-même vous raconter ses déboires, pratiquez une écoute passive ou active. Plus le climat de confiance et d'acceptation est élevé, plus il se confiera.

Le jeune ou l'adolescent qui argumente

Le reflet de la pensée suivi d'une affirmation aide à contrer la résistance des adolescents et à affirmer votre crédibilité. Prenons le cas du jeune qui argumente chaque fois que son parent lui demande de faire une tâche. Le parent reformule les sentiments du jeune, suivi de sa propre position, et répète ce processus avec fermeté aussi souvent que nécessaire. La déclaration a plusieurs composantes:

1- Résumez calmement ce que l'adolescent a dit (confirmation);

2- Décrivez le désir ou le sentiment que vous avez perçu (reflet);

3- Utilisez le mot "et" plutôt que "mais" pour montrer que les besoins de l'adolescent et les vôtres peuvent coexister;

4- Exprimez votre demande (message-je) par une brève déclaration (prendre position).

Le parent: "Alexandre, je veux que tu enlèves ton manteau et tes espadrilles qui traînent dans l'entrée."

L'adolescent: "Je ne peux pas, je regarde mon émission à la télévision."

Le parent: "Oui, je sais (confirmation) que tu préférerais regarder la télévision (reflet) ET (nos besoins peuvent coexister) je (message-je) te demande de ramasser tes vêtements. (prise de position)."

L'adolescent: "Et Sophie? Elle ne fait rien, elle!"

Le parent: "Je comprends (confirmation) que tu aimerais que quelqu'un d'autre le fasse à ta place (reflet) ET (nos besoins peuvent coexister) j'insiste (message-je) pour que tu ranges toi-même tes affaires qui m'encombrent (prise de position)."

L'adolescent: "Ça ne me tente pas!"

Le parent: "C'est sûr (confirmation) que ce n'est pas facile de se lever de ce confortable fauteuil (reflet) ET (nos besoins peuvent coexister) je te demande (message-je) de ramasser tes espadrilles et ton manteau quand même (prise de position)."

L'adolescent: "Oh! Ça va! J'ai compris! Je vais le faire dès la prochaine annonce."

Le parent:" Merci!"

Le parent n'a plus qu'à surveiller les annonces publicitaires. Si le jeune s'exécute de lui-même, il le félicite chaleureusement. S'il reste dans son fauteuil, il lui rappelle son engagement en mentionnant simplement la période des commanditaires.

L'adolescent qui déteste l'école

L'adolescent: "Je déteste l'école!"

Le parent: "Tu aimerais ne pas être obligé d'y aller..."

L'adolescent: "Mets-en! Les cours sont assez "plates"..."

Le parent: "Je vois. Tous tes professeurs sont ennuyeux."

L'adolescent: "Ben ... pas tous. Certains sont quand même bien, comme M. X en géographie et Mme Y en français. Mais mon prof de maths, M. Z, n'est qu'un vieux radoteur!"

Le parent: "Il répète toujours la même chose et cela t'énerve."

L'adolescent: "Pas tout à fait. C'est plutôt qu'il n'a pas le tour d'expliquer. Aujourd'hui il a mis une heure et demie pour expliquer comment faire une équation au premier degré. C'était long! Au début, je comprenais très bien comment faire. À la fin, j'étais tout mêlé! Quand je pense que je suis "pogné" avec pour toute l'année!"

Le parent: "Ça te décourage rien que d'y penser."

L'adolescent: "Exactement! Mais je pense que je vais réussir à passer au travers quand même."

Adapter le milieu (+ +)

Le principe du contrôle de l'environnement est simple. Il s'agit de se poser la question: "Puis-je, dans l'environnement de mon enfant, modifier quelque chose qui puisse éliminer la conduite répréhensible ou la prévenir?". Si ce quelque chose existe, changez-le! La réorganisation de l'espace ou d'une activité peut suffire à résoudre le problème.

Dans certains cas, il faudra rendre le milieu moins stimulant. Ainsi, il est recommandé de ralentir le rythme des activités dans l'heure qui précède le coucher d'un jeune enfant. Ce n'est pas le moment de l'exciter par des jeux actifs ou de le laisser regarder une émission de télévision comportant des scènes de violence! On favorisera au contraire des activités calmes et apaisantes. Dans le même ordre d'idée, commencez la journée dans une ambiance agréable. L'atmosphère qui règne dans la maison le matin donne le ton à toute la journée. Je recommande aux parents de mettre un fond musical apaisant dès le lever, pour combattre les chamailleries enfantines et le stress qui en découle pour toute la famille. Essayez la musique de Mozart!

Dans d'autres situations on aménagera l'environnement de manière à ce qu'il soit plus stimulant pour l'enfant. Lorsque l'enfant s'ennuie, les bêtises et les querelles augmentent! Pour combattre l'oisiveté, proposez des activités intéressantes et variées à votre jeune.

Une dernière manière d'adapter l'environnement consiste à le rendre plus fonctionnel. On peut aménager la cour arrière pour des tout-petits ou un endroit où ils seront libres de dépenser leur énergie. Pour les jeunes on peut arranger un coin de bricolage ou installer une salle de jeux. Les adolescents disposent de peu d'endroits pour se réunir. Insonoriser ou désigner une pièce où vos adolescents peuvent rencontrer leurs copains et écouter leur musique peut être dans certains cas la solution au vagabondage et aux flâneries dans les centres d'achat.

Exemples

<u>L'enfant explorateur qui touche à tout</u>

J'explique dans mon livre *Bébé, mode d'emploi*, comment rendre votre maison sécuritaire pour un petit explorateur. Chaque pièce de la maison doit être inspectée avec soin pour mettre hors de portée les produits dangereux, prévenir les risques d'accidents (mettre des caches sur toutes les prises électriques...) et limiter les interdictions verbales (ranger les objets précieux, surélever la chaîne stéréo...).

L'enfant aime être près de son parent, ou de la personne qui s'en occupe, durant la journée. C'est sans doute la raison pour laquelle j'ai observé avec mes enfants qu'une salle de jeux ne les attirait pas longtemps. Choisissez donc un coin dans le salon ou la cuisine, là où le tout-petit peut suivre les activités des grandes personnes. Disposez ensuite des jouets de différentes catégories (jeux à manipuler, matériel de bricolage, livres, jouets électroniques) sur des tablettes à sa hauteur. Vous remarquerez tout de suite comme il s'intéressera davantage à ses affaires, juste parce qu'il peut les voir. Ne sortez pas trop de jouets: rangez en une partie dans un placard et faites une rotation à tous les mois. L'achat d'une petite table avec deux chaises d'enfant constitue aussi un bon investissement.

Le temps que vous aurez consacré à aménager adéquatement l'environnement de votre enfant vous sera remis amplement par sa bonne conduite. C'est un des secrets qui m'a permis de trouver le temps d'écrire trois livres, malgré la présence accaparante de mes quatre enfants!

<u>L'enfant qui grignote entre les repas</u>

Une dame se plaignait que son tout-petit fouillait dans le garde-manger à son insu et grignotait constamment des biscuits, puis refusait de manger aux repas. Je lui conseillai de ne plus acheter de biscuits pour un certain temps et de faire en sorte que son placard ne contienne que de bons aliments comme des fruits. Si l'enfant ne trouvait rien d'autre, il mangerait des pommes ou des carottes plutôt que des biscuits! Malheureusement, ce judicieux et fort efficace conseil tomba à plat car la mère ne voulait pas renoncer elle-même aux petites douceurs aux brisures de chocolat! Alors, là... Je restai abasourdie quand elle m'annonça qu'elle envisageait d'installer un cadenas sur la porte de son garde-manger. Je tentai de la détourner de ce projet saugrenu mais je crains fort de ne pas y avoir réussi.

<u>L'enfant ou le jeune insupportable durant les longs trajets en voiture</u>

Les longs trajets en voiture représentent, pour nombre de parents, un véritable supplice. Le calme et l'immobilité que requièrent de longs trajets automobiles vont à l'encontre de la nature dynamique des enfants. C'est pourquoi, si on n'a pas pris le temps d'adapter le milieu, on récolte jérémiades, chamailleries et turbulences. Voici quelques idées inspirées de mon livre *Comment occuper et amuser vos enfants*, pour adapter le milieu automobile aux jeunes voyageurs:

- Placez dans l'habitacle quelques jeux portatifs. Cela peut être des jeux de société aimantés, une tablette de "dessin magique" vendue dans le commerce (sorte de carbone collé sur un carton et recouvert d'un cellophane), des jeux électroniques;

- Apportez avec vous des cassettes de leur musique favorite ou un recueil de chansons à répondre;

- Gardez dans votre coffre à gants une carte géographique de la région que vous visitez. Le pré-adolescent peut ainsi suivre l'itinéraire et servir de navigateur;

- Préparez une collation nutritive. L'idéal, des barres tendres, des crudités et des fruits, qui calment la faim et la soif, sans tacher les doigts. Une petite glacière est très utile pour conserver les aliments au frais. Des boîtes à jus congelées disposées contre les aliments périssables peuvent faire office de glacière improvisée;

- Planifiez quelques minutes d'arrêt à toutes les heures pour permettre aux jeunes de dépenser leur trop-plein d'énergie. Un ballon gonflable, une corde à danser ou un disque volant ("Frisbee") prennent peu de place dans le coffre arrière et sont toujours populaires lors d'une halte;

- Permettez à votre enfant d'inviter un ami. L'enfant unique ou d'un âge différent de ses frères et soeurs s'ennuiera beaucoup moins s'il est accompagné d'un camarade. Utilisez aussi cette astuce pour deux jeunes qui se disputent constamment. Si chacun a le droit d'amener un copain, l'énergie qu'ils auraient utilisée pour se quereller se trouvera canalisée pour jouer avec leurs amis respectifs.

Le jeune qui ne veut pas s'habiller adéquatement pour la saison

Une maman me demandait conseil sur la façon de résoudre un conflit persistant qu'elle vivait avec son fils de neuf ans au sujet de son habillement. Les divergences portaient sur l'assortiment des teintes, le port de vêtements inadéquats pour la saison et le choix des vêtements en général. Chaque matin amenait des discussions houleuses, le fils voulant choisir lui-même sa tenue et la mère contestant ses décisions.

Je suggérai à la dame de classer le linge de son enfant en deux tiroirs: un contenant les vêtements convenant aux beaux jours, un autre avec ceux appropriés aux jours de pluie ou au temps frais. Puis, il s'agissait de préparer deux cartons précisant les facteurs (vent, soleil, pluie, etc.) amenant l'utilisation de l'un ou l'autre assortiment. Ensuite, elle devait présenter à son enfant la règle du jeu en disant:

"Écoute Maxime. Depuis quelque temps, nous avons beaucoup de mal à nous entendre sur la question de tes vêtements. Tu estimes que tu es assez grand pour décider de ton habillement, par contre je considère que tu ne tiens pas suffisamment compte du temps qu'il fait à l'extérieur. Voici ce que je te propose pour mettre fin aux querelles: désormais tu pourras choisir toi-même tes vêtements, à la condition que tu choisisses ton linge dans le premier tiroir s'il fait beau et dans cet autre s'il fait mauvais. Sur chaque tiroir il y a un carton spécifiant les conditions météorologiques correspondant à "beau temps" et "mauvais temps". Si tu respectes ces consignes, je ne ferai plus de commentaires sur tes choix, même si les couleurs ne vont pas ensemble." Le parent peut aussi encourager l'enfant à écouter les prévisions de la météo pour qu'il puisse choisir son habillement en conséquence.

Le succès de cette intervention repose sur la capacité du parent à accepter de repousser la limite. À neuf ans, Maxime est tout à fait apte à assumer une responsabilité de cet ordre. Il n'est guère réaliste de vouloir garder un contrôle absolu sur ce sujet, jusque dans les détails tels que la coordination des couleurs. Le parent coach accepte de faire des compromis et d'entraîner graduellement le jeune à l'autonomie. Il faut savoir lâcher prise quand l'heure est venue!

L'adolescent qui se dispute pour l'espace de la chambre commune

Les adolescents, à la recherche de leur identité et de leur indépendance, revendiquent et affirment leurs droits fréquemment. C'est un trait qui se manifeste dans l'appropriation de l'espace comme une chambre commune. Que de conflits naissent entre frères et soeurs de cet âge sur ces questions territoriales! S'il est possible d'aménager une autre chambre pour que chaque adolescent ait la sienne ou de faire une division psychologique avec un paravent ou une cloison, cela peut réduire substantiellement les disputes.

Dans le même ordre d'idée, si un des enfants emprunte constamment et sans demander la permission les affaires de son frère ou de sa soeur, on peut attribuer à chacun une armoire ou un rangement distinct qui ferme à clé. Cette modification de l'environnement peut rétablir l'équilibre en obligeant l'adolescent fautif à respecter la règle: "Quand tu veux emprunter quelque chose qui ne t'appartient pas, tu dois en parler au propriétaire avant, pour obtenir son accord."

L'adolescent qui vole

Si votre adolescent a tendance à commettre des petits chapardages, soustrayez de la vue les portefeuilles, sacoches et menue monnaie. Les laisser traîner un peu partout peut devenir un incitatif trop tentant. Bien entendu, lorsqu'un enfant vole, il faut d'abord rechercher ses motifs. Une multitude de raisons peut inciter le jeune de plus de douze ans à voler. Voici quelques possibilités:

- Vole-t-il pour donner des cadeaux ou rétablir des torts? Donnez à votre Robin des Bois l'occasion d'être généreux et aidez-le à trouver un idéal socialement acceptable;

- Commet-il des larcins pour se procurer des objets de consommation? Il faudra encadrer de près votre Arsène Lupin et lui montrer à canaliser ses ambitions!

- Le vol traduit-il en acte des carences affectives (se croit mal aimé, réaction à une séparation...)? Valorisez ce jeune, passez plus de temps avec lui et multipliez les marques d'attention;

- Le vol a-t-il pour but d'épater les copains ou de répondre à un défi? Plus le vol s'inscrit dans un comportement de groupe, plus la signification antisociale est grande. Expliquez-lui les conséquences auxquelles il s'expose (dossier judiciaire, délinquance...). Encouragez-le à se faire de nouveaux amis et à s'affirmer dans un sport ou une discipline où il a du succès;

- A-t-il pris l'habitude de voler? "Piquer" lui semble-t-il anodin? Consultez un psychologue pour l'aider à se débarrasser de cette manie.

L'adolescent qui monopolise le téléphone

Si les longues causeries téléphoniques de votre adolescent ne peuvent être réduites ("Je fais mes devoirs au téléphone! ... C'est super important! ...") et sont une source de conflits persistants, envisagez la location d'une seconde ligne. Je vous suggère de solliciter la participation financière de votre adolescent.

L'adolescent qui prend trop d'eau chaude lors de sa douche

Installez un pommeau de douche à débit réduit et un interrupteur de débit pour arrêter l'eau lorsque la personne se savonne ou lave ses cheveux. Ces accessoires se trouvent en quincaillerie.

Le jeu (+ +)

Le jeu se définit comme une activité qui suscite du plaisir. Une grande partie des apprentissages de l'enfant se fait tout naturellement, sans effort, par l'intermédiaire de l'activité ludique. Trois catégories de jeux peuvent devenir des outils précieux en matière de discipline familiale:

1- Les jeux de rôles (jouer à faire semblant) initient l'enfant aux réalités du monde extérieur ou lui enseignent des concepts abstraits comme l'empathie;

2- Les jeux symboliques canalisent les frustrations dans des activités de remplacement ou aident à libérer certains sentiments refoulés;

3- Certains jeux de société peuvent servir d'intermédiaire pour encourager le respect des règles, comme les jeux qui révisent les règles de sécurité à bicyclette. D'autres jeux, de type coopératif, véhiculent des valeurs d'entraide entre les joueurs.

Le jeu ne devrait pas seulement représenter une technique de plus: il devrait déjà faire partie intégrante de vos relations avec vos enfants. À quand remonte la dernière fois où vous avez dansé avec vos jeunes? Jouez-vous parfois à des jeux de société en famille? Vous arrive-t-il parfois de "retomber en enfance" le temps d'une bataille d'oreiller ou d'un combat avec des fusils à eau? C'est important "d'avoir du fun" avec nos enfants!

Soulignons également l'importance de l'humour dans la relation éducative. Le parent capable de faire rire son enfant en jouant la comédie, en caricaturant certaines situations, en racontant une blague ou en disant quelques mots drôles à l'occasion dispose d'un ingrédient quasi magique! L'humour dont il est question ne prend naturellement jamais la forme de sarcasmes ou de railleries aux dépens de l'enfant. Le fait de partager ensemble une plaisanterie ou de faire quelques pitreries tisse un lien plus étroit entre les personnes et dédramatise certaines situations.

Exemples

L'enfant et les contes de fées

Les contes de fées présentent à l'enfant, sous une forme symbolique, des dilemmes existentiels et proposent des solutions caractérisées par une fin heureuse. Ainsi *Cendrillon* aborde le thème des rivalités fraternelles, *Hansel et Gretel* évoque la peur de l'abandon, le *Chat botté* assure que l'on peut partir de rien et réussir, etc. Bruno Bettelheim en a fait une analyse saisissante dans son livre *Psychanalyse des contes de fées*.

Plus contemporain, le livre *Contes à guérir, contes à grandir*, du psychosociologue Jacques Salomé propose une soixantaine de petits contes poétiques qui mettent des mots sur des sentiments, des émotions ou des désirs. Leur lecture permet à l'enfant de nommer ses angoisses (par exemple *Le conte du petit bouquetin qui avait eu peur de perdre son zizi*), de susciter une prise de conscience (par exemple *Le conte du petit koala qui croyait que l'amour c'était recevoir des coups*), de se relier aux autres (par exemple *Le conte du petit garçon qui savait réveiller la méchante sorcière toute noire qui sommeillait chez sa mère*).

L'enfant en conflit avec les autres

Le tout-petit ne dispose pas d'un vocabulaire élaboré pour exprimer ses frustrations ou ses émotions négatives. Proposez-lui alors de dessiner "comment il se sent" ou "ce qui s'est passé". L'emploi de marionnettes où parent et enfant reproduisent dans un jeu de rôle la situation conflictuelle procure à l'enfant une soupape pour exprimer ses sentiments de façon acceptable.

L'enfant qui lambine

L'enfant qui prend un temps infini à se vêtir ou à accomplir une tâche peut répondre favorablement à un petit défi du genre: "Voyons si tu peux t'habiller avant que la minuterie sonne!" C'est la course contre la montre!

Le jeune qui se plaint au parent des autres

Les enfants qui ont pris la mauvaise habitude d'aller se plaindre au parent pour la moindre peccadille ont souvent du mal à contrôler ce comportement lorsqu'on leur demande de cesser. Une transition intéressante peut être d'écrire les doléances plutôt que de les dire. Chaque enfant peut disposer d'un carnet pour écrire ou dessiner son ressentiment dans des situations bénignes.

Le jeune qui est agressif et batailleur

Les actes hostiles sont inacceptables mais les réprimer ne suffit pas à solutionner le problème! Il faut donner une porte de sortie à l'énergie agressive en la canalisant dans une activité de remplacement. Par exemple, on interdit à un jeune de frapper les autres tout en lui permettant, lorsqu'il est fâché, de se défouler en boxant avec un punching-ball ou en bourrant de coups de poings un coussin. Naturellement, certains enfants sont si violents qu'il faut bien plus que de simples jeux symboliques pour les aider à contrôler leurs emportements. Il ne faut pas hésiter dans un tel cas à consulter un spécialiste, pédopsychiatre, psychologue ou autre intervenant professionnel.

L'enfant ou le jeune qui est d'humeur changeante

Pour le jeu des humeurs, il faut d'abord préparer des badges représentant différents sentiments (un visage souriant, un autre fâché, un triste...). Le jeune porte le badge correspondant à son état d'esprit. Les visages peuvent aussi être disposés en cercle sur un carton fort et c'est une flèche au centre de ce cercle qui pivote pour indiquer l'humeur. Le parent peut aussi indiquer ses états d'âme ou sa disponibilité de la même manière.

Une variante inspirée de l'approche thérapeutique de Virginia Satir consiste à dessiner des réservoirs correspondants à différents besoins ou sentiments: un réservoir pour les besoins physiques, un pour les besoins affectifs, un pour le sentiment de confiance en soi...

Avec un crayon, le jeune indique le niveau de satisfaction de chaque pot. Ainsi, un réservoir d'affection presque vide signifie: "Je me sens délaissé, j'ai besoin d'attention". On pourrait l'appeler le jeu du réservoir.

Dans le jeu du courrier, chaque membre de la famille a une petite case fabriquée avec une boîte pour recevoir et envoyer du courrier interne. Écrire un message plutôt que de le dire peut s'avérer une communication plus claire et moins impulsive que la communication verbale.

L'enfant ou le jeune qui chahute et crie quand vous êtes au téléphone

J'ai redouté le téléphone pendant des années! Non pas parce que je n'aimais pas me servir de ce moyen de communication mais parce que mes enfants avaient la mauvaise habitude de chahuter, de crier ou de se disputer, chaque fois que je parlais au téléphone plus de deux minutes... Ce problème, apparemment insoluble, était en train de me rendre à moitié folle! Je réalisai enfin qu'il y avait là matière à clarifier le code de conduite.

J'annonçai donc une nouvelle règle: "À partir de maintenant, chaque fois que je suis au téléphone, vous devez chuchoter" (ou changer de pièce ou tout autre action que vous jugez utile). Je ne me contentai pas d'une simple adhésion verbale mais convoquai une pratique générale, où je faisais semblant de répondre au téléphone pendant une ou deux minutes pendant qu'ils appliquaient la nouvelle directive. Je les félicitai après quelques essais parfaits et attendis avec espoir un véritable appel téléphonique! Bien entendu, au premier essai, le chuchotement fut oublié après quatre minutes. Je repris alors le jeu symbolique avec eux en les encourageant à poursuivre leurs efforts. Après une seule semaine, j'obtins une amélioration remarquable! Soyons réalistes: les enfants étant ce qu'ils sont, il leur arrive encore de faire monter les décibels pendant un appel téléphonique. Mais, quand cela devient trop fréquent, une petite pratique leur remet en mémoire la conduite correcte dans une telle circonstance!

Avec des enfants d'âge préscolaire, il est plus efficace d'adapter le milieu en préparant un jouet auquel l'enfant n'a accès que durant les appels téléphoniques. Dès que la sonnerie retentit, amenez votre tout-petit avec vous et donnez-lui ce jouet pour qu'il s'amuse près de vous pendant votre entretien téléphonique. Cette astuce vous permettra de l'occuper et de le surveiller.

L'adolescent qui est agressif

Le théâtre est une activité pouvant aider un jeune ayant des conduites déviantes à développer une meilleure empathie socio-cognitive, c'est-à-dire la capacité mentale de se mettre à la place d'un autre et de comprendre ce qu'il ressent. Le sport peut être un autre dérivatif pour enseigner à un jeune à respecter les autres et à se conformer à des règles définies. Des activités physiques encadrées par un personnel qualifié et efficace peuvent ainsi servir d'exutoire pour canaliser positivement l'agressivité.

"Les jeunes agressifs paraissent particulièrement intéressés par les sports de combat. Ce centre d'intérêt pourrait représenter une piste de départ pour des interventions thérapeutiques et préventives (Hellbrun et Pain, 1986, cité par Hébert, 1991, p. 61).

On sélectionnera une école où les instructeurs ne se limitent pas à enseigner des techniques d'autodéfense mais complètent l'entraînement par des périodes de discussions et de réflexions sur les valeurs y étant rattachées: la maîtrise de soi, le respect de soi et des autres, l'humilité, l'autodiscipline et la recherche d'une paix intérieure et sociale.

Le hors-jeu (+ +)

Cette technique est connue sous plusieurs nom: le hors-jeu, le retrait, le temps mort, l'arrêt d'agir, le temps de réflexion. Dans tous les cas il s'agit d'un isolement bref (quelques minutes au maximum) et immédiat, imposé dans un endroit ennuyeux et sécuritaire. On pourra asseoir l'enfant sur une chaise face au mur, le mettre dans sa chambre, dans un corridor ou dans une pièce exempte de tout objet potentiellement dangeureux. On évitera cependant d'utiliser le lit qui serait alors associé à une expérience déplaisante. Le lit doit demeurer un endroit agréable pour le repos.

Le temps de retrait doit être court et proportionnel à l'âge de l'enfant. Une bonne indication du temps approximatif est de calculer autant de minutes de hors-jeu que l'âge de l'enfant: trois minutes de hors-jeu à trois ans, cinq minutes à cinq ans, et ainsi de suite. L'idéal est de chronométrer le temps sur une minuterie de cuisine; la sonnette indique alors à l'enfant la fin de son retrait. Pour un enfant d'âge scolaire on peut dire "Quand tu auras décidé de (te calmer, t'excuser ...) tu pourras sortir." Le parent ne parle pas à l'enfant durant le hors-jeu.

Le hors-jeu prive le jeune de l'attention du parent et permet à chacun de se ressaisir et de se calmer. On peut ensuite discuter calmement du problème. Plusieurs auteurs préconisent le temps mort comme solution de rechange aux punitions traditionnelles.

Ainsi, le Docteur Falardeau recommande l'emploi de cette technique avec des enfants hyperactifs ou particulièrement agités (Falardeau, 1992, p. 96). Le Docteur John Rosemund souligne que c'est une façon constructive d'indiquer les limites et d'exprimer son autorité à l'enfant. (Rosemund, 1992, p. 70). Le psychologue Fitzhugh Dodson la considère comme la méthode la plus efficace (Dodson, 1979, p. 52).

Le hors-jeu ne représente en fait que quelques minutes relativement ennuyeuses où rien ne se passe. Il faut l'administrer calmement, avec sang-froid et aussi rapidement que possible après la conduite répréhensible. La séquence à suivre pour appliquer un hors-jeu est:

1- Abrégez la conduite répréhensible en retirant l'enfant à l'écart. N'attendez pas d'être excédé et exaspéré avant d'agir.   Il est toujours préférable d'intervenir   tôt dans une situation problématique;

2- Contrôlez la situation dès que l'enfant est calmé en lui répétant la règle du jeu;

3- Réexposez le code de conduite de façon préventive chaque fois que la même situation s'annonce afin de familiariser l'enfant.

Exemples

<u>L'enfant qui fait des crises de colère dans un lieu public</u>

Les caprices et les colères explosives des tout-petits en pleine phase d'opposition mettent souvent les parents dans l'embarras. Il faut d'abord savoir que presque tous les enfants présentent une période négativiste entre l'âge de dix-huit mois et de trois ans, et qui dure en moyenne neuf mois. Lors de cette étape, l'enfant rechignera plus volontiers à toutes les demandes, exerçant son autonomie par l'emploi fréquent du fameux "non" et éclatant en de violentes crises de colère à la moindre frustration. Le fait de comprendre que ce comportement est normal aide le parent à ne pas étiqueter son enfant en lui attribuant un mauvais caractère.

La crise dans le centre d'achat est une colère manipulatrice. L'enfant qui se voit refuser l'achat d'un jouet, d'une friandise ou d'une babiole déclenche une "guerre des nerfs" devant cette frustration. Des pleurs, des cris, des trépignements, des piétinements, des geignements ou des hurlements s'ensuivent. Les plus entêtés s'étendent sur le plancher pour donner libre cours à leur rage. Les autres clients jettent des coups d'oeil ébahis ou accusateurs devant ce spectacle. Quant au parent, il voudrait se voir à cent lieux de la scène! Un hors-jeu est tout indiqué dans cette situation dramatique. Voici comment procéder:

1- Abrégez l'accès de rage!

Il suffit de laisser de côté le panier d'épicerie ou les articles non payés et de sortir l'enfant du magasin. La force physique peut être nécessaire pour prendre l'enfant dans ses bras ou l'entraîner hors du commerce, le diablotin étant rarement collaborateur en état de crise. L'enfant devrait être déconcerté par ce changement de programme. Si aucun apaisement ne se produit, amenez-le à l'écart, dans un endroit où il y a peu ou pas de gens pour regarder ses prouesses. La salle de toilette du centre d'achat ou votre voiture sont les isoloirs ultimes.

2- Prenez le contrôle de la situation!

Une fois rendu à cet endroit, répétez fermement et calmement la consigne "Calme-toi d'abord, et nous retournerons au magasin ensuite", puis attendez. Pour vous aider à patienter, chronométrez le temps sur votre montre. Vous devriez observer une amélioration dans le comportement en moins de cinq minutes. Dès que vous avez à nouveau l'attention de l'enfant, expliquez-lui clairement la conduite que vous attendez.

Par exemple: "Quand tu viens avec moi au supermarché, tu as le droit de choisir une boîte de céréales, mais c'est moi qui décide du reste. As-tu compris?" Réitérez cette règle jusqu'à ce qu'il concède. Vous pouvez aussi lui montrer votre argent et lui expliquer dans des termes simples pourquoi vous ne pouvez pas acheter tout ce qui se trouve dans les magasins. Retournez maintenant poursuivre vos courses. Tout devrait bien se dérouler.

3- Familiarisez l'enfant avec ce protocole!

Ne cédez pas à la tentation de ne plus amener votre enfant au centre d'achat. S'il ne vous accompagne que rarement, il oubliera d'une fois à l'autre le comportement adéquat dans cette circonstance. Il faut au contraire le remettre dans cette situation plus souvent. Rappelez-lui le code de conduite juste avant de retourner magasiner. Après vos explications, demandez-lui "As-tu compris?" et obtenez encore une fois son engagement. Si un accès de rage survient de nouveau, recommencez le processus du hors-jeu. Dès que l'enfant constate que ses crises restent sans effet, il cesse d'y avoir recours.

L'enfant qui vous dérange quand vous écoutez les nouvelles à la radio

Chaque fois que vous écoutez les nouvelles à la radio, vos jeunes ont une question urgente à vous poser ou parlent si fort que vous n'entendez pas la moitié des annonces? Faites un hors-jeu à l'envers, en utilisant un baladeur pour écouter le bulletin d'information.

L'enfant qui ne veut pas rester attaché dans son siège d'auto

Les accidents de voiture sont la première cause de mortalité chez les tout-petits, drames qui pourraient être évités en grande partie si les enfants étaient toujours attachés adéquatement dans un siège d'automobile approprié. Il n'y a donc aucun compromis à faire à ce chapitre! Exposez à votre enfant la règle: "Quand tu montes dans la voiture, ta ceinture doit être bouclée. On ne démarre pas tant que tout le monde n'est pas attaché."

Chaque fois que votre enfant se détache au cours du trajet, arrêtez la voiture sur l'accotement ou à un endroit sécuritaire aussi vite que possible. Rattachez-le en répétant fermement la consigne. Tâchez de lui fournir un jouet ou un divertissement quelconque pour le distraire. N'oubliez pas de le féliciter quand il garde sa ceinture bouclée. Si vous appliquez ce plan sans faillir, cette habitude deviendra vite indispensable à votre enfant.

Les jeunes qui se chamaillent dans la voiture

Vos jeunes se disputent sur le siège arrière de la voiture pendant que vous conduisez? Immobilisez votre véhicule sur l'accotement ou quittez la route à la première occasion et stationnez quelque part. Les jeunes, surpris, demanderont immanquablement la raison de cet arrêt. Expliquez-leur que vous ne pouvez conduire dans les conditions qui vous sont imposées et invitez-les à régler leur différend. Une fois les esprits apaisés, indiquez le comportement attendu: "Quand je conduis la voiture, les passagers doivent être calmes sinon cela m'énerve et je risque d'avoir un accident! Réglez votre désaccord immédiatement ou bien attendez d'être rendus à la maison pour faire du chahut." Vous serez surpris des résultats!

Les jeunes qui se querellent pour l'obtention d'un objet

Amélie et Stéphane se querellent pour l'obtention de la manette de jeu électronique. Fermez l'appareil et annoncez qu'il n'y aura pas de jeu pour personne, aussi longtemps qu'ils n'auront pas trouvé un compromis satisfaisant. Lancez quelques suggestions pour amorcer les négociations ("Vous pourriez déterminer le premier joueur au hasard avec un sou noir..."). N'autorisez la tenue du jeu que lorsqu'une solution commune est trouvée et acceptée.

Le jeune qui ne tolère plus son petit frère ou sa petite soeur

Il fut un temps où j'obligeais mon aîné, alors âgé de douze ans, à tolérer la présence de son petit frère de six ans. Ce dernier sollicitait sans cesse sa participation à des jeux, l'imitait dans les moindres détails ou le suivait partout, même chez ses amis. Je ne tardai pas à avoir une véritable rivalité fraternelle à gérer, la patience de l'aîné étant vite épuisée et le cadet abusant souvent de son statut de "petit". Je finis par admettre que j'avais affaire à deux catégories d'âge bien distinctes et entrepris de les traiter comme tels.

Quand les deux frères jouaient ensemble en parfaite harmonie, je les laissais faire, bien évidemment. Mais, dès que la chicane s'immisçait, je pratiquais un hors-jeu en les séparant dans deux pièces différentes et en les occupant chacun de leur côté. Le mot d'ordre devint: "Chacun de son côté!" L'aîné, ravi, s'adonnait alors en toute quiétude à ses loisirs favoris. Quant au plus jeune, il s'ennuyait ferme, et je devais lui trouver un bricolage, une activité ou un jeu pour l'amuser. De même, lorsque celui de douze ans invitait des amis, je m'organisais pour que l'enfant de six ans reçoive lui aussi des amis de son âge. Cela me demandait du temps mais j'obtins vite d'étonnants résultats.

Le fait d'espacer les contacts désensibilisa les deux frères au jeu de rôle négatif qui s'était installé entre eux. Les conflits s'espacèrent de plus en plus. Le plus jeune a perdu l'habitude de harceler son frère et s'intéresse davantage à des jeux de son âge. L'aîné, de son côté, a retrouvé une attitude bienveillante envers le petit. Cela est un paradoxe étrange et déconcertant: lorsqu'on insiste pour que les enfants s'aiment, ils finissent par se détester. Si on leur permet d'exprimer leur rivalité adéquatement, ils finissent par s'aimer.

La conséquence naturelle et/ou logique (+ +)

Dans la conséquence naturelle le parent ne fait rien de particulier et laisse agir le cours normal des choses, de manière à ce que l'enfant subisse le contrecoup de ses actes. Bien entendu, la conséquence ne doit pas présenter de danger en aucune manière mais être simplement désagréable. L'autorégulation du comportement se produit alors de façon naturelle. Prenons le cas où le jeune a délibérément fouillé dans vos affaires pour découvrir les cadeaux de Noël. Ne courez surtout pas en acheter d'autres! Laissez votre enfant vivre la conséquence naturelle. Noël lui semblera sûrement moins excitant cette année-là, mais il aura appris à ne plus être aussi indiscret.

Une variante de la conséquence naturelle est la conséquence logique. Il s'agit d'imposer à l'enfant une pénalité liée à sa mauvaise conduite. Prenons le cas où l'enfant se balance sur sa chaise droite durant le repas. Il n'est pas question de le laisser tomber puisqu'il pourrait se blesser, mais on peut simplement lui retirer sa chaise et l'astreindre à manger debout, le reste du repas. Quand on ne sait pas se servir d'une chaise, on s'en passe! Le jeune apprend ainsi à acquérir un comportement adéquat par l'expérience personnelle.

Un autre exemple est celui où l'enfant renverse un verre de jus. La conséquence logique est qu'il épongera lui-même son dégât. Pas de cris, pas de sermons, pas d'accusations!

On prendra garde d'éviter les conséquences logiques qui contaminent une activité désirable. Faire copier cent fois "Je ne sacrerai plus dans la maison" est peut-être une conséquence logique, mais elle fait détester l'écriture qui est une activité que l'on veut favoriser. On n'emploiera donc pas la copie dans ce but. De même, lorsqu'on met un tout-petit en colère à l'écart pour qu'il se calme (voir technique du hors-jeu, p. 125), il ne faut pas l'envoyer dans son lit, qui se trouverait alors associé à une expérience désagréable.

Exemples

<u>L'enfant qui refuse de manger aux repas et grignote</u>

L'enfant capricieux qui chipote dans son assiette et refuse de manger le menu du jour ou encore celui qui ne vient pas se mettre à table lorsqu'on l'appelle et réclame à grands cris dix collations par jour, obtient souvent de cette manière l'attention générale de la famille. De nombreux parents m'ont confié leur désarroi devant ces attitudes qui finissaient par transformer l'heure des repas en une épreuve qui les épuisait nerveusement.

Il faut d'abord s'assurer, grâce à un bilan de santé effectué par un médecin ou un pédiatre, que le refus de manger n'est pas le symptôme d'une maladie quelconque. L'anémie ou la constipation, par exemple, sont des indispositions qui sapent l'appétit. Il ne faut pas oublier également qu'il est normal que l'appétit d'un tout-petit varie ou diminue entre deux poussées de croissance.

Une fois écartée l'éventualité d'un problème médical, il suffit ensuite d'annoncer clairement à l'enfant la conduite attendue: "À partir de maintenant, je ne te répéterai plus dix fois de venir à table mais je vais sonner cette petite cloche pour signaler le repas. C'est le bruit de la cloche qui t'indique que tu dois venir manger." ou "Pour la prochaine semaine, il n'y aura pas de collation durant la journée, afin de t'habituer à manger convenablement aux repas."

Si l'enfant ne mange pas, le parent ne se met pas en colère, ne menace pas de punir, ne prépare pas de mets spécial mais enlève simplement la nourriture de la table à la fin du repas et laisse agir un puissant allié naturel: la faim. L'enfant voudra probablement grignoter peu de temps après. À vous de passer ce test en disant: "Je suis désolée que tu aies faim, mais je te rappelle qu'il n'y a pas de collation pour te montrer à mieux manger aux repas. Nous dînons à midi." Soyez ferme et constant! Si vous appliquez ce plan, vous aurez assez rapidement une amélioration remarquable. Lorsque vous réintroduisez les collations, faites en sorte qu'il s'agisse de fruits et de crudités plutôt que de sucreries qui risquent de miner l'appétit de votre enfant.

Le jeune qui tarde à faire ses travaux scolaires

Jean ne veut pas faire ses devoirs malgré vos multiples rappels? Vérifiez d'abord si la cause de ce désengagement ne provient pas de difficultés d'apprentissage et assurez-vous de lui fournir des conditions d'étude agréables (voir les travaux scolaires p. 199). Par contre, si Jean refuse d'assumer ses responsabilités par simple paresse, ne paniquez pas à sa place! Il aura à s'expliquer avec son professeur ou subira une perte de points en conséquence. Une telle expérience risque fort d'avoir plus d'efficacité que vos exhortations!

Le jeune qui lambine le matin

Le jeune qui lambine et tarde le matin à se préparer pour l'école est une source d'exaspération pour son parent débordé par les préparatifs. Le plus patient des deux parents prendra l'initiative. Il clarifiera le code de conduite avec son jeune: "J'ai décidé de cesser de te harceler le matin pour tu fasses tout à temps. Comme cela je ne serai plus en colère. Tu es assez grand maintenant pour t'occuper de toi-même. Voilà comment nous allons fonctionner: le soir je prépare tes vêtements. Le matin je vais te réveiller (vous pouvez aussi procurer au jeune un réveil-matin) et je te fais ton petit déjeuner. Ça, c'est MA part de responsabilité. TA part à toi, c'est de préparer ton sac d'école la veille, de te lever, de t'habiller, de manger et de t'arranger pour être prêt quand l'autobus passe pour le ramassage scolaire."

"À partir de maintenant, je ne te pousserai plus dans le dos pour que tu sois à l'heure. Je ne te répéterai plus dix fois de te lever, je ne sortirai plus pour faire patienter le chauffeur, je ne courrai plus pour chercher tes affaires et je ne te reconduirai pas à l'école en voiture pour compenser ton retard. Je sais que ce ne sera pas facile pour toi de te débarrasser de cette mauvaise habitude de "traîner" mais je suis sûre que tu peux y arriver. Pour t'encourager, chaque semaine où tu auras réussi à être ponctuel, je te louerai une cassette de jeux électroniques de ton choix pour la fin de semaine. Est-ce bien compris?" L'étape la plus délicate est toujours celle de la résistance qui suit cette annonce. Restez ferme dans votre décision. Ne cédez pas à la panique ou à la tentation de reprendre le contrôle au plus léger retard. L'expérience est un puissant maître! Laissez votre jeune éprouver de l'énervement ou de la colère parce qu'il a manqué l'autobus et doit marcher jusqu'à l'école, ou rattraper le lendemain le retard scolaire qui s'ensuit. D'autre part, félicitez-le pour ses efforts et soulignez ses progrès.

Le jeune qui ne ferme pas la porte-moustiquaire

Le jeune qui ne ferme pas bien la porte-moustiquaire, devra chasser lui-même toutes les mouches qu'il a laissées entrer.

L'adolescent qui ne met pas ses vêtements dans le panier de lessive

L'adolescent qui ne met pas ses vêtements dans le panier à linge sale devra les laver lui-même. Annoncez clairement les jours de lessive et indiquez l'endroit où déposer les vêtements salis. Prenez ensuite la précaution d'afficher la procédure pour faire fonctionner la machine à laver et la sécheuse dans la salle de lavage. Si votre adolescent collabore, remerciez-le chaleureusement et mettez bien en évidence les piles de linge propre sur le pied de son lit, afin qu'il les range lui-même dans ses tiroirs. Ce résultat tangible lui montre la relation de cause à effet et l'incite à continuer.

S'il néglige de mettre ses vêtements à l'endroit désigné, résistez à la tentation de trier vous-même les vêtements que votre adolescent a entassés pêle-mêle dans ses tiroirs ou sous son lit! Attendez qu'il se plaigne de "n'avoir rien de propre à se mettre sur le dos" pour répéter calmement les consignes. S'il désire certains vêtements avant le jour de la lessive, enseignez-lui une première fois la manière de se servir des appareils et invitez-le par la suite à consulter la procédure de lavage affichée pour laver lui-même son linge.

La diversion (+ +)

La diversion consiste à proposer à l'enfant une ou plusieurs options alternatives. Cette technique fait particulièrement merveille avec les tout-petits en pleine phase d'opposition. Lorsqu'ils découvrent le pouvoir du "non", le parent a intérêt à poser à son enfant des questions ouvertes plutôt que des questions fermées . Une question fermée se répond par oui ou par non tandis que la question ouverte donne lieu à une réponse plus élaborée. Par exemple, il ne dira pas: "Donne-moi ta main pour traverser la rue", mais contournera la résistance en demandant: "Veux-tu tenir ma main gauche ou ma main droite pour traverser la rue?" Présenté de cette manière, il y a de fortes possibilités que l'enfant choisisse une des deux mains. L'enfant aime prendre des décisions. Au lieu de lui imposer un chandail qu'il refuse, présentez-lui un choix: "Préfères-tu porter ton chandail jaune ou celui qui a des rayures bleues?" Les confrontations matinales en seront atténuées.

Détourner l'attention d'un enfant qui débute un "caprice" est une autre astuce conjuguant la fermeté et le bon sens. Laura, trois ans, trépigne pour avoir des ciseaux pointus et refuse ceux à bouts ronds. Le parent annonce alors "Tiens, c'est l'heure de ton dessin animé préféré à la télévision." Et comme par enchantement, la crise se dissipe!

La diversion peut aussi s'énoncer par une consigne ou une interdiction, suivie immédiatement d'une proposition positive. Pour mettre fin au harcèlement ou au "chialage", le parent peut essayer la technique du disque rayé assortie d'une diversion. Il s'agit simplement de répéter quelques fois votre position en variant légèrement les mots, puis de compléter avec une diversion.

Exemples

L'enfant qui veut avoir des biscuits vingt minutes avant le repas

L'enfant: "Je veux des biscuits!"

Le parent: "Non, pas maintenant. Le dîner sera servi dans seulement vingt minutes."

L'enfant (implorant): "Sois gentille! Juste un!"

Le parent (fait le disque rayé): "Sois patient. Tu vas manger dans vingt minutes."

L'enfant (trépigne): "Je veux des biscuits! Je veux des biscuits!"

Le parent (fait le disque rayé): "Tu vois cette horloge? Il reste vingt minutes."

L'enfant: "J'ai faim, moi!"

Le parent (fait une diversion): "Veux-tu m'aider à mettre le couvert pour aller plus vite?"

L'enfant: "D'accord!"

L'enfant qui saute sur votre lit

"Arrête de sauter sur mon lit, va plutôt sauter sur le vieux divan du sous-sol."

L'enfant qui réclame des friandises pour sa collation

"Préfères-tu une pomme, une orange ou une banane pour ta collation?"

Le jeune qui joue à la balle sur le mur de la maison

"Je ne veux pas que tu lances la balle sur la maison mais je te permets de le faire sur le mur du garage."

Le jeune qui retarde le moment de faire ses devoirs

"Termine d'abord tes devoirs, après tu pourras jouer avec tes amis."

L'adolescent peu enclin à rendre service

Préfères-tu m'aider à finir la vaisselle ou t'ocupper de plier le linge propre?

L'adolescent qui vous harcèle pour obtenir quelque chose

L'adolescent: "J'ai vu un poster super au vidéo! Veux-tu me donner mon argent de poche tout de suite?"

Le parent:"Nous ne sommes que lundi. La paye est jeudi."

L'adolescent: "Allez! Juste cinq dollars! J'en ai besoin tout de suite!"

Le parent (fait le disque rayé): "Je serai heureuse de te donner ton argent de poche jeudi à 17 heures précise."

L'adolescent: "Tu as sûrement des économies!"

Le parent (fait le disque rayé): "Je n'en ai pas plus que toi! Mon budget est bouclé jusqu'à jeudi."

L'adolescent: "Je ne te trouve pas drôle! Il n'en reste qu'un exemplaire et il sera peut être vendu quand j'aurai l'argent."

Le parent (fait une diversion): "Pourquoi ne demandes-tu pas au gars du vidéo de te le mettre de côté jusqu'à jeudi? Tu peux réserver des cassettes à l'avance, pourquoi pas un poster?"

L'adolescent: "Tiens, c'est une bonne idée, ça! J'y vais tout de suite!"

CHAPITRE 5 - LES MOYENS NEUTRES

CHAPITRE 5: Les moyens neutres (+ -)

Les techniques neutres doivent être utilisées ponctuellement car leur emploi trop fréquent crée un effet d'usure et finit par éroder les liens affectifs. Ces stratégies sont efficaces à court et moyen terme. Elles sont surtout indiquées quand les moyens positifs ont échoués ou s'avèrent en partie inopérants, quand la situation exige une intervention très rapide (Par exemple, lorsqu'un enfant s'apprête à mordre un autre enfant, le parent s'interpose en l'empêchant, donc intervention physique) ou quand un suivi s'impose (tableau d'encouragement, contrat). Leur utilisation devrait toujours être équilibrée par un nombre au moins aussi important d'interventions positives. Les techniques neutres sont:

- Le tableau d'encouragement;
- Ignorer l'attitude négative;
- La réparation;
- Le privilège;
- La récompense matérielle;
- La réprimande verbale;
- L'intervention physique;
- L'avertissement;
- Le retrait de privilège;
- Le contrat;
- La confrontation dirigée.

Le tableau d'encouragement (+ -)

Le tableau d'encouragement est un support visuel où l'on note les progrès de l'enfant dans une sphère d'activité où il doit apprendre à se discipliner. Un tableau d'encouragement peut être fabriqué à partir d'un carton mince ou d'une simple feuille de papier sur laquelle on dessine des carreaux correspondants aux jours de la semaine, pour un maximum de quatre semaines à la fois. On peut aussi représenter une seule semaine, chaque jour présentant trois divisions, une pour le matin, une pour l'après-midi et une pour le soir. Dans le haut du tableau on écrit le thème sur lequel on travaille avec l'enfant comme par exemple: "J'apprends à être ordonné" ou "Je m'entends bien avec mon frère".

Sur le côté ou dans le bas, on ajoute une petite rubrique spécifiant le ou les comportements désirés. Chaque objectif doit être ciblé concrètement. On décrira ainsi plus spécifiquement deux ou trois conduites à modifier relativement à l'objectif général "Je m'entends bien avec mon frère" comme:

- Je ne le taquine pas avec des mots ou des gestes agaçants;
- Je ne le frappe jamais;
- Je demande sa permission avant de prendre ses affaires.

Le tableau peut être coloré ou enjolivé avec des dessins ou des images de personnages amusants. Plus il est attrayant, plus il suscitera de l'intérêt. On place le tableau dans un endroit bien en vue. Des autocollants, des étoiles métallisées ou un feutre pour marquer chaque carreau où l'enfant aura atteint les objectifs de comportement souhaités complètent l'ensemble. On explique ensuite au jeune le fonctionnement du tableau. Chaque réussite est identifiée avec un autocollant, un symbole ou des points. On soulignera davantage les succès que les échecs. À la fin d'une semaine ou d'un délai prédéterminé, il peut y avoir un bonus rattaché à la réussite d'une majorité d'objectifs. Finalement, lorsque le tableau est complété avec un certain taux de succès, une récompense ou un privilège peut être octroyé à l'enfant.

Exemples

<u>L'enfant ou le jeune qui souffre d'énurésie nocturne</u>

Le tableau d'encouragement à la propreté nocturne est désormais un classique du genre. L'énurésie nocturne n'est pas, en soi, un problème de discipline mais relève plutôt de facteurs physiques et psychologiques. Avant d'envisager une approche comportementale, on prendra soin de vérifier les possibilités suivantes:

- Votre enfant a-t-il quatre ans ou plus? C'est entre l'âge de deux et quatre ans que l'enfant atteint la maturité physique et psychologique lui permettant de contrôler ses sphincters. L'enfant apprend d'abord à être propre le jour. La propreté nocturne vient ensuite. On ne peut donc pas parler d'énurésie nocturne avant l'âge de quatre ans révolus. Ce trouble, plus fréquent chez les garçons que chez les filles, afflige selon les statistiques 10 % des enfants de six ans, 5% à l'âge de dix ans et 2 % des adolescents;

- Y-a-t-il eu des cas d'incontinence nocturne dans votre famille ou celle de votre conjoint? Les chercheurs ont constaté qu'un adulte qui a connu ce problème durant son enfance a plus de risques d'avoir des enfants énurétiques. Un facteur génétique, encore mal connu, semblerait en cause dans certains cas;

- Un problème physique serait-il à la source du problème? Une consultation médicale permettra d'écarter l'éventualité d'un défaut anatomique ou d'une infection urinaire. Si votre enfant a de la difficulté à contracter ses sphincters, encouragez-le à interrompre volontairement l'émission d'urine plusieurs fois ("se retenir") durant la miction. Cet exercice très simple renforcera ses réflexes. Le jour, conseillez à l'enfant de retenir ses urines un moment afin de l'entraîner à reconnaître la sensation de vessie pleine;

- Un changement important s'est-il produit dans la vie de votre enfant? L'arrivée d'un nouveau bébé, la séparation des parents, l'entrée à la garderie, une maladie, un deuil ou tout autre stress peut amener une régression temporaire. Parfois, la simple crainte d'être chicané ou d'avoir soif durant la nuit suffit à créer une sorte de cercle vicieux, chaque échec renforçant une réaction négative du parent et chaque réaction négative augmentant l'anxiété. On restreindra la prise de liquides en soirée, sans être trop strict toutefois. Il faut mettre l'accent sur les succès et rester neutre lors des échecs. Dédramatiser la situation est important!

Lorsque tous les points cités précédemment ont été contrôlés, on peut essayer les thérapies comportementales. Le tableau est une sorte d'agenda de nuit où l'enfant identifie les nuits "sèches" (en dessinant, par exemple, un soleil souriant dans la case appropriée) et les nuits "humides" (en dessinant un petit nuage). On peut aussi y mentionner les événements de la journée: entrée à l'école, voyage, mort d'un animal familier... Afficher ce tableau dans sa chambre, souligner les progrès, éventuellement y associer une récompense concrète. La participation de l'enfant est essentielle. Responsabilisez aussi l'enfant de plus de six ans en lui faisant changer ses draps lui-même. N'utilisez jamais la honte ou la menace! L'enfant n'est pas coupable. Après tout, il dort quand ça arrive!

Si le tableau d'encouragement ne donne pas des résultats satisfaisants après deux ou trois mois d'entraînement, vous pouvez louer dans les pharmacies un appareil réveillant l'enfant à l'aide d'une sonnerie dès l'émission des premières gouttes d'urine. Correctement utilisé pendant au moins trois mois, ce système obtient un taux de réussite élevé. L'enfant et les parents doivent cependant être motivés.

Une thérapie médicamenteuse peut être prescrite par un médecin. Présentement, deux traitements sont disponibles. L'imipramine augmente la capacité vésicale et favorise des éveils plus faciles, cependant des effets secondaires tels que la sécheresse de la bouche, la nervosité, l'irritabilité et les changements d'humeur peuvent se manifester. La vasopressine est une hormone qui régularise la quantité d'urine sécrétée par les reins. Elle s'administre à l'aide d'un vaporisateur nasal.

Le jeune qui apprend à jouer d'un instrument de musique et doit se plier à des pratiques astreignantes

L'apprentissage d'un instrument de musique implique des pratiques régulières et fastidieuses. Il n'est pas toujours aisé de motiver le jeune à faire des gammes ou à répéter ses pièces musicales. J'en sais quelque chose: ma fille joue du piano depuis l'âge de cinq ans! Je lui ai toujours laissé le choix, d'année en année, de poursuivre sa formation ou non. Il lui arrivait parfois, en cours d'année, de perdre de son enthousiasme mais le support de son professeur et de sa famille suffisait à surmonter ces difficultés bien normales.

La cinquième année de piano fut cependant plus critique. C'est une année où de nombreux élèves abandonnent devant l'augmentation inévitable des difficultés techniques. Pour l'inciter à persévérer, je réduisis le nombre de répétitions et mis au point un système d'encouragement à l'aide d'un tableau placé bien en vue sur son piano, associé à une récompense matérielle. Pour chaque pratique de quarante-cinq minutes, elle pouvait coller un timbre factice dans le carreau correspondant à la journée de l'exercice. Elle devait compléter trois pratiques par semaine, aux journées de son choix.

Chaque semaine comptant trois pratiques lui rapportait un dollars de timbres pour sa collection. Chaque exercice supplémentaire était facultatif et augmentait la cagnotte de cinquante cents. Un mois complet ajoutait un bonus de quatre dollars. Si elle n'avait fait que deux pratiques durant une semaine, elle ne recevait rien pour cette semaine-là et perdait le bonus du mois. Ce procédé l'intéressa suffisamment pour l'inciter à faire le minimum. Les visites au magasin de timbres devinrent vite une vraie fête! Comme je lui avait précisé dès le début que cette entente n'était valide que pour cette année, elle ne fit aucune difficulté pour revenir à des pratiques non rétribuées l'année suivante.

Le jeune qui est dépendant de l'écran de télévision

Les statistiques indiquent que les enfants canadiens regardent la télévision en moyenne 221/2 heures par semaine, ce qui représente 1000 heures de télévision par année comparativement à 800 heures de classe pour la même période. Et on ne parle pas des heures consacrées aux jeux vidéo! Une étude américaine a démontré un lien entre ces activités passives et un surplus de poids chez l'enfant, d'où l'appellation peu flatteuse de *coach potato kid* attribuée au phénomène.

Pour aider l'enfant à diminuer sa consommation télévisuelle, décidez en commun du nombre d'heures permises chaque semaine. Servez-vous ensuite du télé-horaire et d'un crayon feutre de couleur vive. Le jeune choisit et souligne avec le crayon feutre toutes les émissions qu'il souhaite regarder, jusqu'à concurrence du nombre d'heures convenu. Affichez ensuite l'horaire au-dessus de l'appareil et faites respecter l'ouverture du téléviseur aux moments sélectionnés seulement. S'il y a plusieurs enfants, chacun a une couleur distincte, ce qui permet de repérer les éventuels conflits d'horaire (deux émissions sur deux chaînes différentes, au même moment) et de les gérer à l'avance (en enregistrer une sur vidéo).

Si vous jugez que les émissions choisies comportent trop de scènes de violence, ne les censurez pas mais incitez vos jeunes à développer leur sens critique. Prenez le temps de regarder la télévision avec eux à l'occasion et de discutez du contenu pour leur faire prendre conscience du niveau de qualité des différents programmes.

L'adolescent qui a besoin de la voiture familiale

Daniel, dix-sept ans, travaille comme emballeur à l'épicerie et sort fréquemment avec sa bande d'amis les soirs où il ne travaille pas. Comme il a son permis de conduire, il lui arrive couramment d'emprunter sans prévenir l'unique voiture de la famille, restreignant les déplacements des autres membres de la famille.

Un calendrier avec de grands carreaux pour chaque date sera utile pour établir avec plus de clarté les moments où il peut prendre la voiture et ceux où il doit co-voiturer ou prendre le transport en commun. Si un rendez-vous chez le dentiste est prévu pour sa petite soeur le mardi soir, le véhicule sera réservé aux parents à ce moment-là. Un code de couleur peut identifier les plages où le véhicule est aux parents, à l'adolescent ou disponible pour tous. Finies les déceptions et les disputes!

Les adolescents qui se disputent pour l'occupation de la salle de bain

Quand on a une seule salle de bains et deux adolescentes qui se chamaillent pour l'occuper au même moment tous les matins, que faire? Une rotation apparaît être la solution la plus valable. Il suffit d'installer un horaire sur la porte de la salle de bain. Soyez précis dans l'ordre d'occupation! Chloé a droit à la salle de bain de 7 heures à 7 heures 25 et Jessica de 7 heures 25 à 7 heures 50 et vice versa le lendemain.

Ignorer l'attitude négative (+ -)

Les enfants ont parfois de petites manies énervantes entretenues inconsciemment par le parent qui les souligne constamment. Ces pratiques inoffensives finissent par devenir pour l'enfant une façon de se distinguer ou d'obtenir de l'attention, même si celle-ci est inadéquate. Le fait de ne pas accorder d'importance à ces conduites agaçantes amène l'extinction du comportement indésirable. De plus, la non-intervention donne à l'enfant l'occasion d'apprendre par lui-même.

L'attitude négative ne doit cependant jamais nuire aux gens ou aux biens matériels, ni présenter de danger en aucune manière.

Exemples

<u>L'enfant qui joue avec sa nourriture</u>

Ignorez l'enfant qui tripote sa nourriture ou la mange en procédant d'une façon particulière. Si l'enfant projette sa nourriture sur les autres, c'est une autre affaire! Mais s'il mange son pâté chinois en séparant minutieusement chacun des ingrédients ou s'il brasse sa crème glacée pendant vingt minutes avant de la manger, ne vous en occupez pas!

<u>L'enfant qui rapporte continuellement les faits et gestes des autres</u>

Le rapporteur est une personne qui dénonce, par indiscrétion ou par malice, ce qu'il a vu et entendu. Beaucoup de jeunes enfants s'adonnent à cette pratique sournoise dans le but de faire punir l'enfant signalé et de recevoir de l'attention de l'adulte. Lorsque ce dernier accorde crédit à toutes les plaintes et intervient sans discernement, on a tôt fait de voir monter en flèche les délations. Le parent est alors coincé dans un rôle de juge, avec toutes les erreurs judiciaires et les difficultés de trouver la vérité que cela peut comporter! Quant à l'informateur, il suscite rapidement la méfiance de ses pairs qui le rejettent.

Il faut expliquer à l'enfant qu'il existe deux sortes de "rapportage": le bon et le mauvais. Un bon rapportage est celui où une personne ou des biens matériels sont en danger. C'est le cas lorsque Catherine vient dire que son petit frère joue avec des allumettes, quand Christophe pleure parce qu'il a reçu un coup de poing ou quand Julien prévient ses parents que les enfants voisins jouent au baseball devant la baie vitrée de leur salon. Les périls que recèlent ces situations justifient le cri d'alarme.

Tous les autres racontars qui ne rencontrent pas ces critères sont des mauvais rapportages et ne doivent tout simplement pas être écoutés. Expliquez cette règle du jeu à l'enfant et exercez son jugement en lui proposant quelques mises en situation. Puis aidez-le à étiqueter ses colportages. Il vient vous répéter que Dorothée l'a traité d'idiot.

Posez-lui les questions: "Y a-t-il quelqu'un en danger? Y a-t-il risque d'un bris matériel?" Non? Alors il s'agit d'un mauvais rapportage et vous ne désirez pas l'entendre! Renvoyez-le à ses activités sans lui accorder davantage d'attention. S'il vous rapporte par contre une information pertinente, remerciez-le et félicitez-le pour son à-propos. Dès que l'enfant a compris la distinction entre les deux, vous en aurez vite terminé avec le perpétuel mouchardage!

Faites attention à une sorte de rapportage qui n'en est pas une correspondant à notre définition: celle où l'enfant, en pleurs, vous apprend qu'une autre personne lui a dit des propos blessants. Il vous confie sa peine, c'est donc un besoin affectif auquel vous devez répondre et non un besoin de discipline. Réconfortez-le et ren-forcez son estime de soi en lui demandant: "Trouves-tu que c'est vrai ce qu'il a dit? Non? Alors ne l'écoute pas!" Cela devrait l'aider à affronter les inévitables petites remarques désobligeantes que se font parfois les enfants.

Naturellement, si vous recevez plusieurs plaintes concernant un enfant agressif verbalement ou physiquement, l'escalade possible de la violence et les blessures pouvant en résulter en font un rapportage valable. Intervenez auprès de l'enfant agresseur.

Le jeune qui fait des bruits répétitifs agaçants

Étienne tape sur la table avec sa fourchette pour "niaiser"... Le parent ignore sa conduite et lui sert son repas sans commentaires, tout en accordant son attention aux autres convives. Constatant que son manège ne fonctionne pas, Étienne se lasse et se met à manger.

Le jeune qui réplique ou a un mauvais langage

Les audaces verbales occasionnelles destinées à vous provoquer (jurons inhabituels, etc.) ne doivent pas trouver d'échos dramatiques. Essayez d'abord de ne pas vous en occuper. S'il persiste, répétez calmement et fermement la règle du jeu "Surveille ton langage! Je te rappelle que les "sacres" ne sont pas permis dans cette maison."

L'adolescent qui veut porter une coiffure ou des vêtements extravagants

Lorsque votre adolescent tente de vous faire réagir par une coupe de cheveux bizarre ou des détails vestimentaires excentriques, contentez-vous de donner votre opinion, de mentionner les ennuis potentiels que ces singularités peuvent receler ("Un employeur pourrait ne pas aimer ton accoutrement, et ne pas t'engager pour cette raison"), puis faites le mort!

La réparation (+ -)

Lorsque l'enfant a causé un tort volontairement, on peut simplement exiger qu'il répare sa sottise. Cette option est possible lorsque le dédommagement est à la portée de l'enfant. Le jeune qui a éparpillé les blocs de construction de son frère dans un mouvement d'humeur sera contraint de les ramasser. Celle qui a dit des injures à sa soeur devra présenter ses excuses, une fois calmée. La réparation devra toujours être graduée en fonction de l'intention: ainsi on sera moins exigeant pour un dommage produit par un geste irréfléchi.

Certaines actions ne peuvent malheureusement être dédommagées que partiellement, par exemple, le bris délibéré d'un objet irremplaçable. Le méfait peut alors être compensé par un travail qui aide la personne lésée: c'est le principe de la corvée. Une corvée est une tâche que la plupart des gens considèrent particulièrement déplaisante ou ennuyeuse. Je suggère d'utiliser le principe de la corvée sur une base volontaire pour racheter une offense importante.

Voici comment cela fonctionne. Vous préparez d'abord une petite liste de corvées qui sont proportionnées à la bêtise commise et à l'âge de l'enfant. Vous dites à l'enfant: "Je suis désolée que tu n'y aies pas pensé avant. Il va maintenant falloir réparer ta gaffe. Qu'est-ce que tu vas faire?" Le jeune choisit dans cette liste celle qu'il s'engage à exécuter au profit de la personne à laquelle il a nuie.

Voici quelques exemples de corvées si le préjudice a été causé à un adulte:

- Passer l'aspirateur sur la moquette du salon;
- Déblayer la neige de l'entrée ou tondre le gazon (selon la saison);
- Nettoyer la cuvette de toilette ou le bain;
- Ramasser et ranger tout ce qui traîne dans une pièce désignée;
- Éplucher les pommes de terre pour un repas;
- Laver et essuyer la vaisselle de la journée;
- Arroser les plantes de la maison;
- Sortir les ordures à l'extérieur.

Voici quelques exemples de corvées si le préjudice a été causé à un autre enfant:

- Faire un travail ménager que l'autre a l'habitude de faire;
- Faire son lit trois jours de suite;
- Laver sa bicyclette;
- Préparer son dessert favori;
- Acheter un objet compensatoire à même l'argent de poche du fautif.

Une fois que la corvée a été effectuée, le sujet est clos.

Exemples

L'enfant qui prend les jouets des autres par la force

Julie, cinq ans, s'est emparée par la force d'un jouet avec lequel sa soeur de trois ans s'amusait. Le parent, qui a assisté à la scène, explique à Julie qu'elle ne peut arracher un objet de la sorte et l'oblige à le remettre à sa petite soeur. Le parent profitera ensuite de cette occasion pour enseigner à l'aînée une façon acceptable d'obtenir le jouet convoité, par exemple en offrant à l'autre enfant un autre jouet en échange.

Le jeune qui a volé de petits articles à un camarade

Antoine, douze ans, a subtilisé de menus articles pendant une visite chez un camarade. Son père, après s'être rendu compte du larcin, lui fait comprendre que c'est du vol et qu'il doit restituer les objets à son propriétaire légitime et lui présenter ses excuses. Dure leçon!

L'adolescent qui emprunte les objets des autres sans leur permission

Pierre-Luc a utilisé le baladeur de sa soeur Sonia sans sa permission jusqu'à épuisement des piles, ce qui a provoqué un conflit. En réparation, Pierre-Luc doit acheter de nouvelles piles à Sonia, à même ses économies.

Hélène a porté le chandail de Gabrielle sans sa permission. Elle devra le laver avant de le lui remettre.

Le privilège (+ -)

Un privilège est un droit ou un avantage particulier qui n'est pas donné à tous. Cette récompense intangible stimule les bonnes volontés et gratifie l'enfant. Le parent n'a, la plupart du temps, aucun montant d'argent à débourser pour utiliser ce renforcement, mais il doit, par contre, consacrer un peu de temps à son application. Il faut toujours relier cette technique à un comportement désirable et en éviter la sur-utilisation, qui pourrait créer une dépendance. Les exemples suivants vous présentent une série de suggestions de petits et grands privilèges. Comme vous pouvez le constater, l'imagination est la seule limite!

Exemples

Quelques exemples de privilèges pour les enfants

- L'autorisation d'aller au lit quinze minutes plus tard;
- Le pouvoir de commander n'importe quelle grimace ou acrobatie au parent pendant cinq minutes;
- La permission de porter un vêtement spécial une journée complète;
- Quand deux enfants se disputent pour une friandise ou autre aliment qu'ils doivent partager équitablement, un enfant a le privilège de couper le morceau de gâteau en deux (sous la supervision de l'adulte quand il doit utiliser un couteau), l'autre a le privilège de choisir la part qu'il prend en premier;
- Le droit de choisir trois articles à l'épicerie, comme une boîte de céréales, une sorte de biscuit et un fruit de son choix;
- Une promenade au parc ou à un endroit qu'il aime particulièrement;
- La possibilité d'appeler lui-même grand-maman au téléphone;
- La participation du parent aux jeux de son choix pendant une heure complète!

Des idées de privilèges pour les jeunes

- L'autorisation de veiller plus tard;
- Une sortie au cinéma;
- Assister à un match sportif en compagnie du parent;
- Faire partie de l'expédition de pêche ou de camping;
- Le droit de décider du menu pour un repas complet;
- Une heure supplémentaire de télévision, de jeu vidéo, d'ordinateur ou de tout autre jeu dont la durée est limitée d'ordinaire;
- La permission d'inviter un ami à coucher;
- La confection de son dessert préféré pour un repas;
- La participation du parent à une soirée de jeux de société;
- La possibilité de lire au lit pendant quinze minutes, ce qui retarde l'heure du coucher d'autant;
- Le droit de regarder une émission spéciale ou le film de fin de soirée.

Des privilèges appréciés par les adolescents

- Un service de ménage gratuit dans sa chambre pour trois jours;
- Trente minutes supplémentaires de conversation téléphonique;
- Un petit déjeuner au lit;
- Congé de vaisselle pour un jour;
- Le droit d'inviter trois amis pour une super soirée de films vidéo;
- La permission de prendre la voiture familiale pour un soir;
- La préparation d'un met favori pour un repas;
- Trente minutes de délais supplémentaires sur le couvre-feu du samedi soir;
- Le prêt d'un vêtement ou d'un accessoire qui appartient au parent pour une journée;
- La participation à une grande journée de lèche-vitrines.

La récompense matérielle (+ -)

Tout le monde connaît le principe de la carotte: il s'agit de donner des cadeaux, de l'argent, des friandises ou tout autre bien tangible pour renforcer une bonne conduite. C'est une approche très efficace, même avec les adultes. On sait que les entreprises les plus florissantes ont habituellement un système de bonus ou de récompenses pour leurs employés performants.

La récompense comporte cependant un piège, celui de la dépendance psychologique qui peut en résulter, l'enfant ne fournissant un effort qu'en fonction de ce qu'on lui donne en échange. Il faut donc en donner avec discernement et non systématiquement, pour éviter l'escalade ou le marchandage perpétuel. Une façon de contourner cet écueil consiste à ne pas l'annoncer à l'avance ni faire de promesse. L'enfant est plutôt récompensé à l'improviste, immédiatement après avoir manifesté le comportement recherché, ce qui renforce la motivation à le répéter. L'effet de surprise ajoute un élément agréable de plus à la gratification.

La récompense est un puissant stimulant pour amorcer des changements dans le comportement d'un enfant. Associez-les à des encouragements verbaux et à des compliments. Une fois que la nouvelle conduite commence à se stabiliser, substituez graduellement les récompenses matérielles par des privilèges intangibles, toujours assortis de félicitations. Espacez ensuite les privilèges, de telle sorte que votre enfant ne requiert plus l'usage excessif de récompenses matérielles ou de privilèges.

La récompense doit toujours suivre un bon comportement et non une mauvaise conduite. De nombreux parents utilisent malheureusement la récompense pour apaiser un enfant au moment où il se conduit mal, pratiquant ainsi une sorte d'anti-discipline. Le parent doit vaillamment résister aux pleurnichages, aux harcèlements, aux cris ou aux trépignements que son enfant peut faire pour obtenir gain de cause. S'il cède en lui offrant quelque chose "pour avoir la paix", il renforce ces conduites dérangeantes plutôt que de les décourager.

Exemples

L'enfant qui dérange par des cris sans raison valable

Laurent, quatre ans, a été aimable pendant trois heures: pas une fois il n'a crié, comme il a la mauvaise habitude de le faire. Sa mère, après l'avoir complimenté pour cette bonne attitude, lui octroie une friandise. Laurent est très heureux et demande: "Si je ne crie pas cet après-midi, est-ce que j'aurai aussi une récompense?"

Ce type de réponse déconcerte parfois le parent qui se sent pris au piège, et refuse d'accorder des récompenses matérielles par la suite. Il ne faut pas prendre cette réaction dans ce sens. La question de l'enfant est la preuve qu'il est motivé! Le parent habile répondra quelque chose du genre: "C'est certainement très difficile pour toi de ne pas crier, mais si tu réussis, il y aura de temps à autre des petites surprises." Que le parent procède ensuite de la manière décrite plus haut pour passer d'un encouragement matériel à un encouragement intangible, au fur et à mesure que la conduite indésirable disparaît. Le processus dure en général quelques semaines.

On m'a déjà rétorqué: "Que faire avec le grand frère de six ans qui n'est pas récompensé et qui proteste?" Vous ne pouvez effectivement pas le récompenser "pour rien" car cela enlèverait toute valeur à la gratification du cadet. Commencez d'abord par lui expliquer la raison pour laquelle son petit frère a reçu un traitement spécial. Faites-lui comprendre que c'est très difficile d'arrêter de crier et que vous faites cela pour l'aider. Faites un parallèle avec d'autres circonstances où c'est lui qui avait été le bénéficiaire, ou soulignez un avantage dont il dispose à cause de son âge.

Certains enfants, plus âgés ou particulièrement raisonnables, seront satisfaits de ces explications et deviendront même vos complices pour préparer les petits "extras" destinés à récompenser le bon comportement du petit frère. Vous pouvez aussi profiter de l'occasion pour améliorer un point précis de la conduite de cet enfant, en disant par exemple: "Je serais d'accord pour te donner la même faveur, si tu acceptes de faire des efforts pour ne plus taquiner Laurent." C'est ce qui s'appelle "faire d'une pierre, deux coups!"

Le jeune qui a de mauvaises manières lors des repas

Le jeune qui démontre de bonnes manières à la table de façon constante se voit récompensé par un bon échangeable dans un restaurant à service rapide ou une sortie exceptionnelle dans un grand restaurant.

Le jeune ou l'adolescent qui veut recevoir de l'argent de poche

L'argent de poche est une forme de récompense octroyée aux jeunes consommateurs. Les parents se questionnent souvent sur le bienfondé de cette méthode, la façon de l'attribuer et les modalités régissant cet échange. Quatre systèmes différents peuvent être employés: le rentier, le boursier, le salarié et le travailleur.

1- Le système rentier est celui où on alloue à l'enfant une allocation régulière, sans qu'aucun service ou travail ne soit demandé en échange. Le bénéficiaire pouvant compter sur une somme d'argent fixe, il lui est plus facile d'en faire la gestion. Par contre, cette approche n'enseigne pas la valeur de l'argent, celui-ci étant donné gratuitement. Ainsi, Gina reçoit chaque lundi 2 $ d'argent de poche. Elle est libre de dépenser cet argent, ce qui l'initie à la consommation, ou de le déposer dans son propre compte de banque et d'économiser.

2- Dans le système boursier, l'enfant doit demander une somme d'argent dans un but précis. Sébastien, par exemple, désire acheter une cassette de jeux usagée à son ami. Comme il ne dispose pas d'allocation hebdomadaire qu'il pourrait économiser, il va voir son père et lui demande les 20 $ nécessaires à l'achat de l'objet convoité. Le parent évalue la demande de bourse en réclamant des explications. L'enfant justifie le bien-fondé de sa requête. Après évaluation, le parent accorde ou non l'argent demandé, selon qu'il juge l'achat valable ou pas. Cette sollicitation est donc ponctuelle, selon les besoins. Cette méthode donne au parent le contrôle des transactions, ce qui peut être intéressant lorsqu'il s'agit d'achats coûteux. Il y a par contre un aspect "mendiant" fort désagréable pour le jeune. De plus, celui-ci n'a pas l'opportunité de développer son sens critique face aux objets de consommation puisque c'est le parent qui décide à sa place.

3- Le système salarié accorde une allocation en échange de menus travaux. Ce système a pour avantage d'apprendre à l'enfant le sens des responsabilités et la valeur de l'argent. Il est motivant pour le jeune de fournir un effort en sachant qu'il sera récompensé de sa peine. Le contrat de départ doit cependant être clair afin d'éviter le marchandage. Il implique aussi une certaine comptabilité qui peut devenir fastidieuse. Il y a donc un équilibre à trouver.

Karine et Philippe doivent faire chaque jour leur lit, ranger leur linge, ramasser leurs affaires et mettre le couvert. En échange, ils reçoivent une allocation hebdomadaire de 4 $ chacun. Chaque manquement à une de leur tâche leur fait perdre 0.50 ¢. Ils peuvent, s'ils le désirent, le récupérer en exécutant une des tâches indiquées sur une liste. Les parents ont pris soin de spécifier que tout autre service inopiné pouvant être demandé n'entre pas dans le cadre de cette entente.

Certains parents m'ont rapporté avoir eu beaucoup de succès en affichant au début des vacances d'été une annonce libellée ainsi: "Vous n'avez pas envie de passer l'été devant le téléviseur? Vous souhaitez gagner de l'argent? Des emplois sont présentement disponibles au 72, Principale! Toute personne intéressée devra communiquer avec maman et signer un contrat." Suivait une liste des postes ouverts, avec une description de la tâche, les qualités requises et la rémunération correspondante, telle que:

Poste: Responsable de l'entretien du terrain.

Description des tâches: tondre le gazon une fois par semaine et désherber la rocaille devant la maison, selon le besoin.

Qualités requises: Ce poste exige un bon sens des responsabilités et de la prudence. Le candidat devra savoir faire la différence entre la mauvaise herbe et les fleurs cultivées. Age minimum: 12 ans.

Rémunération: 6 $ par semaine.

Ceci est un exemple. Le salaire sera naturellement établi en fonction de la longueur de la tâche, de sa complexité et de vos ressources personnelles. Le salariat est même recommandé par certains spécialistes pour motiver les jeunes à compléter leurs études. Cela consiste - vous l'aurez deviné - à payer les jeunes pour qu'ils étudient et travaillent à l'école. Si votre enfant est de ceux qui s'ennuient à l'école et ne rêvent que de la quitter, il se peut que ce système soit le seul qui le détermine à ne pas décrocher prématurément. Le psychologue Lucien Auger développe cette option dans son livre *Comment aider mon enfant à ne pas décrocher* (Auger, 1992).

Il donne de nombreux exemples sur la manière de l'appliquer: tant de dollars pour chaque point des résultats scolaires périodiques dépassant la moyenne obtenue par la classe, bonus de X pour toute matière améliorée d'au moins huit points, etc. La technique du salaire scolaire peut s'avérer une alternative de secours intéressante pour engager un adolescent à compléter sa scolarité.

4- Le système des travailleurs est celui de la "vraie vie". Le jeune qui désire de l'argent doit tout simplement se trouver du travail. Mélissa distribue les journaux, Marie-Josée travaille au restaurant du coin, Alexandre obtient des contrats pour tondre le gazon chez les voisins, etc. Si cette approche est plus payante, elle n'en comporte pas moins des inconvénients. Ainsi le temps consacré au travail peut empiéter sur celui nécessaire aux études et, parfois, inciter au décrochage scolaire. Il y a aussi le risque de chômage qui peut décourager le jeune et l'amener à envisager toutes sortes de combines pour se procurer de l'argent.

La réprimande verbale (+ -)

Il s'agit d'une remontrance verbale qui désapprouve le comportement ou exprime les sentiments négatifs de l'éducateur. La réprimande ne prend jamais l'aspect d'une menace ou d'un sermon, mais s'édicte toujours sur les faits. Elle cible le comportement de l'enfant et non sa personne. Par exemple, si l'enfant est surpris en flagrant délit de vol, le parent dira: "Cela s'appelle voler et c'est un geste malhonnête. Je ne suis pas contente du tout!" La réprimande pourrait alors être suivie d'une réparation (voir réparation, p. 153). Remarquez la différence avec la critique ou l'insulte qui dénigre la personne, comme de s'écrier: "Tu es un petit voleur!" La réprimande incrimine les actes répréhensibles et non la personnalité du jeune.

Le ton de la voix est particulièrement important dans cette intervention. Si le parent dit qu'il est fâché, l'intonation ne sera pas douce ni suppliante mais ferme et impérative. Il doit y avoir une concordance entre le message verbal et le sentiment transmis par l'expression du visage, la voix ou les gestes. Lorsque les enfants réalisent que leurs parents vivent des sentiments, ils apprennent à développer de l'empathie et de la considération à leur égard.

Précisons que l'adulte doit bien doser et maîtriser ses émotions: certains parents auront à atténuer leur expression verbale, d'autres devront apprendre à mettre de l'intonation et de la force dans leur voix. La réprimande verbale sera concise et explicite. Les longues déclamations diluent l'essentiel du message et plongent l'enfant dans la confusion. Une réprimande efficace se résume à énoncer trois points:

1- L'action ou le fait concret qui pose problème. Ne dites pas "Tu n'es pas responsable" mais traduisez en actes en quoi il n'est pas responsable. A-t-il laissé la grille de la piscine ouverte? A-t-il négligé de suspendre ses serviettes dans la salle de bain? Parlez des faits!

2- L'émotion ou ce que le parent ressent par rapport au fait identifié.

Débutez toujours cette partie du message par "je" et non par "tu".
"Je suis déçue, je suis découragée, je n'aime pas que..." Dans
certains cas, le parent décrira l'effet tangible ou la conséquence
néfaste que l'action peut avoir;

3- La consigne, qui dit clairement à l'enfant le comportement que
l'on attend de lui dorénavant ou qui ouvre le dialogue à une
recherche de solution.

Cela donnera quelque chose comme: "Quand tu laisses traîner les
serviettes de bain sur le plancher, je suis obligée de les laver à nouveau
ce qui me donne un surcroît de travail. À l'avenir, je veux que tu les
suspendes sur le porte-serviettes."

La réprimande verbale a pour avantage d'étiqueter clairement ce
qui est bien et ce qui est mal, ce qui est acceptable et ce qui ne l'est
pas. La réaction émotive (mais contrôlée!) de l'adulte ne laisse pas
de doute sur ce point! De plus, elle constitue une soupape pour le
parent qui peut exprimer sa déception, sa frustration ou sa
désapprobation verbalement. En plus de nommer le geste répréhensible,
cette technique indique la conduite appropriée.

Elle comporte cependant un risque auprès des parents n'ayant pas
une bonne maîtrise de leurs émotions et ne peut être utilisée par les
éducateurs qu'avec circonspection, ce qui est un inconvénient.

Exemples

L'enfant qui lance des objets

"Quand tu lances tes petites autos (action), j'ai envie de les ranger dans le placard (émotion)! Cesse immédiatement de les lancer, cela pourrait blesser quelqu'un (consigne et conséquence)." Cette réprimande est bien plus constructive que de crier "Tu es insupportable!"

L'enfant qui crie

"Quand tu cries pour demander un objet (action), cela m'énerve (émotion)! Parle d'une voix normale (consigne)."

L'enfant qui interrompt votre travail

"Quand tu débranches constamment mon aspirateur (action), cela me retarde dans mon travail et je n'aime pas ça (conséquence et émotion)! Viens, je vais te donner un chiffon pour épousseter à côté de moi (consigne)."

L'enfant qui frappe le parent

Quand tu me donnes des coups de pieds (action), cela me fait mal (conséquence et émotion)! Cesse immédiatement (Consigne)!"

Le jeune qui fouille dans vos affaires

"Je trouve que ce n'est pas correct (émotion) de fouiller dans mes affaires sans ma permission (action)! Dorénavant, je veux que tu me le demandes avant d'emprunter mes objets personnels. (consigne)"

Le jeune qui a de mauvaises manières durant le repas

"Quand tu fais des bruits dégoûtants à la table (action), cela me gâche mon repas (émotion)! Va te calmer cinq minutes dans ta chambre (consigne)." Cette réprimande est plus efficace que d'attaquer le jeune en lui disant "Tu agis comme un bébé!"

L'adolescent qui est impoli

"Quand tu me réponds sur ce ton-là (action), cela me met hors de moi (émotion)! Reprend ta réponse plus poliment (consigne)!"

L'adolescent qui écoute sa musique à tue-tête

"Quand tu mets ta musique aussi fort (action), on ne peut plus se parler (conséquence). Baisse le volume ou porte tes écouteurs (consigne)."

L'adolescent qui rentre à une heure tardive sans prévenir le parent

"Quand tu rentres plus tard que prévu sans me prévenir (action), cela m'inquiète, me met en colère contre toi et m'empêche de dormir (émotion et conséquence). Je veux que l'on trouve ensemble un moyen d'éviter cette situation désagréable dans le futur (recherche de solutions)."

L'intervention physique (+ -)

Il s'agit d'une gestuelle modérée pour éveiller les sens ou contraindre l'enfant à agir. On utilise toujours dans ce cas le minimum de force physique nécessaire en agissant le plus calmement possible. Des études ont démontré que cette technique est moins efficace si elle est utilisée en public ou avec agressivité.

Si l'enfant refuse de se plier à une exigence simple et raisonnable comme de faire son lit, et se sauve pour ne pas l'accomplir, une intervention physique appropriée consistera à l'empêcher de fuir hors de la maison en vous interposant dans la porte ou à le prendre par le bras pour l'escorter jusqu'à son lit en le tenant fermement mais sans brusquerie. Son expression la plus forte consistera en deux ou trois tapes appliquées avec la main sur les cuisses de l'enfant récalcitrant.

Notez bien la différence fondamentale entre le châtiment corporel et la réprimande physique: alors que le premier a pour but de faire mal à l'enfant ("Il va s'en rappeler!") et met l'emphase sur le paiement d'une faute, la seconde surprend l'enfant mais n'est pas douleureuse et est axée sur l'induction d'un comportement précis (se calmer, exécuter une demande, etc.). L'intervention physique comporte donc en elle-même des éléments de solutions au problème posé, contrairement au châtiment corporel.

Notre société a érigé un tabou particulièrement tenace en ce qui concerne le sens du toucher. Les manifestations physiques d'affection s'espacent souvent au fur et à mesure que l'enfant grandit. Nombre de parents redoutent de toucher leur enfant pour l'obliger à obéir, craignant que ce contact soit jugé abusif. Ils tentent de parlementer constamment, même lorsque l'enfant est complètement hors de lui et ne saurait, par conséquent, entendre raison. Il y a des situations où les parents perdent même tout amour-propre devant les caprices de leur progéniture. J'ai déjà vu des parents se laisser donner des coups de pieds dans les jambes par leur fils de trois ans sans réagir! Il aurait pourtant suffit de maintenir fermement le gamin à bout de bras pour que ses coups soient vains, jusqu'à ce qu'il se fatigue. En prime, les parents auraient conservé leur crédibilité auprès de leur enfant au lieu de récolter son mépris à leur égard.

Une dame m'a déjà demandé conseil au sujet de sa petite fille de quatre ans qui avait la manie de se sauver dans le centre d'achat lors des emplettes hebdomadaires. À chaque fois, sa mère l'appelait, la suppliait, lui expliquait pourquoi elle devait collaborer puis s'assoyait sur un banc où elle attendait jusqu'à vingt minutes que la petite se décide à la suivre. Ce petit jeu du chat et de la souris durait depuis des mois et épuisait la pauvre maman. Lorsque je suggérai à la mère d'attraper sa fille et de l'embarquer dans le caddie malgré ses protestations, elle me regarda, effarée. Elle s'avoua incapable de poser un tel geste, bien que physiquement capable de le faire. Nous étions ainsi privés de la technique qui se serait révélée, à mon avis, la plus pertinente pour mettre fin au problème.

Cette attitude hésitante peut résulter d'une peur inconsciente: celle de perdre l'amour de leur enfant s'ils le contredisent. Les parents atteints d'un tel blocage psychologique hésitent à avoir recours à la fermeté. Il leur faut d'abord vaincre la crainte de perdre l'amour de leur enfant. Quelques séances avec un psychologue peuvent être bénéfiques pour déblayer ces pénibles sentiments et marquer un changement salutaire dans les relations parentales.

D'autres parents craignent de perdre leur contrôle émotif et de faire mal à l'enfant s'ils utilisent le contact physique en certaines occasions. Ils auraient tout avantage à suivre un cours d'autodéfense ou d'arts martiaux pour mieux connaître leur propre corps, apprendre à évaluer leur force et à dominer leurs gestes. Ces disciplines enseignent aussi la concentration et la maîtrise de soi.

Mentionnons finalement que les éducateurs de garderie et les professeurs, s'ils sont investis de lourdes responsabilités, ne disposent pas de tous les droits attribués aux parents. Ils ne peuvent pas, par exemple, faire appel à l'intervention physique pour contrôler le comportement d'un enfant. On comprend aisément que c'est pour éviter les abus que de telles interdictions sont édictées dans le milieu de l'enseignement et des services de garde. Sauf en des circonstances très spéciales, par exemple l'immobilisation d'un jeune qui agresse, dans le but d'assurer sa sécurité et celle des autres, l'éducateur devra écarter cette stratégie et faire appel à d'autres moyens disciplinaires.

Exemples

<u>L'enfant qui joue avec les fiches électriques</u>

Donner une petite tape sur les doigts de l'enfant qui s'obstine à jouer avec les fiches électriques est une intervention physique adéquate. Idéalement, on installera des caches sur toutes les prises de courants.

<u>L'enfant coléreux</u>

Les enfants en proie à une violente colère bénéficient d'un contact avec l'eau. Épongez le front et le cou de l'enfant irascible avec une débarbouillette d'eau fraîche ou donnez-lui rapidement un bain avec des jouets pour l'apaiser. Retenez le bras d'un enfant furieux qui veut en frapper un autre ou retirez-lui prestement un objet qu'il menace de lancer.

<u>L'enfant trottineur qui se relève après le coucher</u>

L'enfant qui, une fois couché dans son lit, se relève à maintes reprises pour déambuler et explorer pose un problème. Insistez d'abord sur le rituel du coucher qui doit être agréable. Laissez une veilleuse dans sa chambre et rassurez-le si le lever est causé par de l'anxiété ou une peur enfantine. Lorsque ces levers correspondent à une résistance contre le moment du coucher, dites d'abord le code de conduite, par exemple: "Tu dois rester dans ton lit et dormir. Si tu restes dans ton lit, je laisserai la porte ouverte. Sinon, je la fermerai."

Si l'enfant se couche, félicitez-le et quittez sa chambre en laissant la porte ouverte, tel que convenu. S'il refuse d'aller dans son lit ou se relève après votre départ, remettez-le sur son lit et fermez aussitôt la porte. S'il cherche à l'ouvrir, retenez-la en tenant la poignée et répétez calmement la consigne au travers de la porte : "Couche-toi dans ton lit et j'ouvrirai la porte". Vous aurez, au préalable, enlevé tout objet avec lequel il pourrait se blesser. Calculez environ une minute sur votre montre avant d'ouvrir la porte. Si l'enfant est dans son lit, laissez la porte ouverte, même s'il crie encore, et partez. L'objectif est de lui apprendre à rester dans son lit et non à se taire. S'il est encore hors de son lit, remettez-le dessus et recommencez ce processus. Il faut que l'enfant sente que vous êtes déterminé. Ne fermez jamais la porte à clé. Si l'enfant se fait vomir à force de protester, entrez, nettoyez rapidement et changez son pyjama sans crier ni réprimander, puis reprenez la procédure. La plupart des enfants associeront rapidement le fait d'être au lit avec l'avantage d'avoir la porte ouverte et accepteront alors de ne plus se promener sans raison valable.

Le jeune qui tarde à exécuter une tâche demandée

Lorsqu'un jeune tarde à faire son lit ou à ramasser ses effets, on peut le prendre par le bras et l'escorter jusqu'à l'endroit désigné où on le supervise aussi longtemps que la tâche demandée n'est pas accomplie.

L'adolescent qui temporise

Le fait de chatouiller l'adolescent récalcitrant face à une demande qu'il retarde, jusqu'à ce qu'il décide d'accéder à notre requête est une façon originale et inattendue d'utiliser le contact physique. Cette approche surprend le jeune et a habituellement du succès.

L'avertissement (+ -)

L'avertissement consiste à prévenir l'enfant d'une conséquence pouvant se produire s'il ne modifie pas son comportement. Il faut s'abstenir d'en donner à tout propos et les dispenser pour des circonstances potentiellement dangereuses ou pour une situation routinière que l'enfant a du mal à intégrer.

Les meilleurs avertissements en ce qui concerne les dangers résident dans les témoignages. Les émissions de télévision qui présentent des événements dramatiques (noyades...) et leurs sauvetages, démontrent les conséquences des conduites dangereuses ou de l'inexpérience et enseignent par le fait même les comportements appropriés.

De même, les témoignages de personnes ayant vécu l'enfer de la drogue ou de prisonniers sont des plus édifiants pour plusieurs jeunes. Les conseils et avertissements prodigués par des personnes qui partagent leur expérience personnelle ont un impact considérablement plus grand que les exhortations moralisatrices des parents! Lorsque de tels avertissements ont été dispensés, résistez à la tentation de revenir sur le sujet et de renchérir car vous risqueriez d'obtenir l'effet inverse. Sachez doser ces mises en garde ou gare à l'effet boomerang!

Les tout-petits n'étant pas en mesure de comprendre le sens d'un témoignage, la technique de l'avertissement est surtout utile pour les préparer à une transition. Les enfants n'aiment pas être dérangés dans leurs habitudes. Vous préviendrez bien des crises si vous préparez mentalement l'enfant à un changement dans sa routine en le lui annonçant à l'avance, par exemple: "Demain, nous t'amenons chez le docteur". Prévenir verbalement l'enfant de l'approche du moment du coucher est aussi une forme d'avertissement. Je suggère l'utilisation d'un minuteur culinaire pour aider l'enfant à comprendre et à accepter cette annonce. Plutôt que de lui dire "Dans dix minutes, tu vas te coucher", remontez la minuterie devant lui en lui expliquant "Quand elle va sonner, dans dix minutes, cela voudra dire que c'est l'heure du coucher." C'est un procédé qui fonctionne étonnamment bien!

Exemples

Le jeune qui est imprudent lorsqu'il circule à vélo ou en ski

Lorsque votre enfant commence à conduire une bicyclette, faites-lui part des règles de sécurité qui régissent la conduite d'un vélo sur les routes. Il existe des jeux permettant de mémoriser ces directives tout en s'amusant. Vous pouvez vous procurer diverses documentations à la Société de l'assurance-automobile du Québec, auprès du groupe "Participaction" ou au poste de police de votre localité. Initiez également vos jeunes cyclistes à la prudence en les faisant participer à une excursion de groupe à vélo.

Lorsqu'un article de journal rapporte un accident impliquant un cycliste, faites-le lire à votre jeune ou affichez l'article sur la porte du réfrigérateur ou à un endroit où vous savez qu'il va le voir. L'avertissement est implicite. Cela peut s'appliquer dans d'autres sports. Mes jeunes sont allés plusieurs fois faire du ski alpin avec leur classe. Mes injonctions concernant les dangers des pistes trop abruptes et des sauts acrobatiques ne trouvaient guère d'échos jusqu'à ce qu'un accident grave impliquant un étudiant d'une autre école survienne. Je découpai l'article et le plaçai stratégiquement dans la salle de toilette. Quelques jours plus tard, j'entendis mes deux aînés discuter de l'accident et évaluer lesquels de leurs camarades étaient imprudents. Mission accomplie!

Le jeune qui part pour l'école

Les avertissements précédant le départ pour l'école peuvent gâcher jour après jour le début de la journée, le parent finissant par avoir l'impression de parler dans le vide et le jeune trouvant cette sollicitude assommante. Remplacez les longues recommandations par un échange affectif ("Je te souhaite une bonne journée" - baiser-) suivi d'une affirmation ("Voici ta boîte à lunch").

L'adolescent qui fume

Vous découvrez que votre fille fume lorsqu'elle se trouve avec son groupe d'amies. En agissant ainsi elle ne nuit qu'à une personne: elle-même. Inutile de bondir et de sortir tout un arsenal pour contrôler un tel comportement. En fait, il y a de fortes chances que plus vous vous braquerez et dramatiserez la situation, plus elle fumera à votre insu. Procurez-vous de la documentation sur les conséquences du tabagisme à l'Association pulmonaire du Québec, puis laissez ces informations sur la table du salon... Vous pouvez bien entendu exprimer votre opinion, discuter avec elle des méfaits de la cigarette (ça empeste, ça coûte cher, ça cause le cancer...), l'informer du cadre légal (la vente de la cigarette est interdite aux mineurs...), lui dire que vous êtes déçu de sa décision. Reste le témoignage: si une personne de votre entourage souffre du cancer du poumon, une petite visite à l'hôpital avec votre fille aura plus d'effets que mille discours.

L'adolescent qui fait de l'auto-stop

L'adolescent qui décide de faire de l'auto-stop en prétendant que ce moyen de transport n'est pas dangereux ne sera guère réceptif à vos inquiétudes parentales. Vous pouvez explorer les différents moyens de résoudre ses problèmes de transport, conclure avec lui un contrat sur les types de déplacements qu'il peut faire (voir le contrat, p. 178), lui fournir un véhicule, lui payer une passe d'autobus, lui suggérer de publier une petite annonce dans les journaux pour trouver une personne qui accepterait de co-voiturer...

Quand on ne trouve aucun terrain d'entente, l'avertissement peut amorcer une réflexion. Dites-lui que vous l'aimez trop pour aller le voir à la morgue. Appuyez vos propos d'un article de journal où un auto-stoppeur a été agressé ou d'un reportage sur les risques de l'auto-stop. Découpez ce genre d'article (en prenant soin de garder la marge indiquant la date pour prouver que ce cas est récent) et gardez-les précieusement en filière pour le cas où vous en auriez besoin plus tard. Si votre adolescent n'adopte aucune des solutions alternatives proposées et ne tient pas compte de vos avertissements, incitez-le à suivre au moins un cours d'autodéfense.

Le retrait de privilège (+ -)

La perte de privilège consiste à enlever à l'enfant un objet (par exemple sa bicyclette), une activité (par exemple une émission de télévision) ou une faveur (par exemple modifier l'heure du coucher) dont il jouit habituellement. On n'aura recours à cette technique qu'après avoir tenté d'autres stratégies plus positives, sans succès.

Le retrait de privilège doit être bref et proportionné. Il est préférable de retirer une heure ou une journée de bicyclette plutôt qu'une semaine. Plus le retrait est long, plus l'enfant oublie la raison pour laquelle il subit cette contrainte. Si l'enfant ne peut pas répondre à la question "Pourquoi as-tu perdu ce privilège?", c'est qu'il n'a pas fait l'association entre sa transgression aux règles et la punition, ou que le retrait imposé est trop long. De plus, une période excessive rend difficile la supervision de l'adulte et donne à l'enfant le temps de trouver une parade; il peut par exemple avoir l'idée d'emprunter la bicyclette d'un ami, ce qui enlève toute efficacité au retrait et affecte la crédibilité du parent. De façon générale, le retrait ne devrait pas dépasser quarante-cinq minutes pour un enfant de deux à cinq ans, quatre heures pour un jeune de six à onze ans et une journée pour un adolescent.

On n'enlèvera pas au jeune une activité qui lui tient particulièrement à coeur ou qu'il a mérité précédemment par sa bonne conduite. Par exemple, le droit acquis par ses mérites de participer à un événement spécial comme la fête d'un ami ou une sortie de fin de classe, ne doit pas faire partie des privilèges qui peuvent être supprimés. Dans cet ordre d'idée, on pourrait annuler sa présence à une pratique de baseball et non à une partie importante. Idéalement, le retrait de privilège sera directement lié à l'infraction commise.

Exemples

L'enfant qui refuse de manger son repas mais réclame du dessert

Qui n'a pas été privé de dessert pour avoir refusé de manger ses légumes? Ce retrait de privilège est logique puisqu'il y a un lien direct entre le manquement (ne pas manger le met principal ou seulement la moitié) et la conséquence (ne pas recevoir de dessert ou seulement une demi-portion).

Par contre, priver l'enfant de dessert parce qu'il s'est disputé avec un camarade va à l'encontre du bon sens. Le parent avisé évite d'instaurer une lutte de pouvoir en ce qui concerne la nourriture.

Le jeune agressif

Un jeune qui a été brutal envers un camarade peut perdre le privilège de regarder un film à caractère agressif prévu pour la soirée. On peut l'amener au club vidéo et lui permettre de choisir un autre film qui ne contient pas de scènes de violence. C'est un bon exercice qui lui permettra de développer son sens critique.

L'adolescent qui monopolise le téléphone

L'adolescent qui monopolise le téléphone tous les soirs peut se voir imposer une limite précise et raisonnable de "bla, bla, bla". S'il dépasse ce délai de plus de "x" minutes un soir, il perd le privilège d'utiliser le téléphone le lendemain soir.

Le contrat (+ -)

Les enfants en âge d'écrire et de discuter apprécient la formule du contrat. Comme dans le monde des affaires, il s'agit d'un accord écrit entre deux parties qui s'engagent formellement à en respecter les termes. La signature du contrat est toujours précédée d'échanges et de discussions en vue d'en déterminer les clauses. Chacun fait valoir son point de vue, fait des concessions, gagne des points: c'est là tout l'art de la négociation.

La technique de résolution des problèmes est une bonne façon de discuter des points chauds. Il s'agit de:

1- Définir le problème;
2- Identifier le plus de solutions possibles, sans les juger;
3- Analyser ensemble chaque solution suggérée au point "2" et procéder par élimination jusqu'à ce qu'on en retienne une seule d'un commun accord;
4- Définir les modalités d'application de la solution retenue;
5- L'appliquer dans le respect de l'entente;
6- Faire un retour pour évaluer le résultat.

Prenons le cas où l'adolescent veut organiser un "party" dans votre sous-sol. Un désaccord survient sur le nombre d'invités. L'application de la technique de résolution des problèmes pourrait ressembler à ceci:

1- Le problème: l'adolescent souhaite inviter trente-cinq amis, le parent trouve que dix invités sont suffisants, compte tenu de la grandeur du sous-sol;
2- Les solutions possibles: a) louer une salle pour la fête b) faire deux fêtes avec des amis différents c) s'entendre sur un nombre intermédiaire d'invités d) permettre aux adolescents d'utiliser le rez-de-chaussée en plus du sous-sol;
3- Après analyse et discussion, le parent et son jeune éliminent les options a et b et choisissent les options c et d;

4- Il est conclu que la fête se déroulera au sous-sol et dans le salon avec un maximum de vingt invités. Ces modalités sont mises par écrit sous forme de contrat;

5- La fête se déroule selon l'entente prévue;

6- Le parent et l'adolescent font un bref retour sur l'événement pour évaluer ce qui a bien fonctionné et ce qui serait à améliorer ultérieurement dans une même situation.

On en vient à un terrain d'entente lorsque parent et enfant trouvent un compromis juste et équitable. Il ne reste plus qu'à rédiger le contrat en deux copies. Les clauses seront concrètes et mettront l'accent sur le côté positif. Une clause vague, confuse et négative telle que: "Catherine ne monopolisera plus le téléphone tous les soirs. Si la durée de ses appels n'est pas raisonnable, elle devra rentrer une heure plus tôt le samedi soir", a toutes les chances de ne pas susciter la motivation du jeune à coopérer et d'échouer rapidement.

On écrira plutôt: "Catherine a le droit d'utiliser le téléphone 60 minutes par soir. Ce temps sera calculé à partir d'une minuterie qui calcule le temps à rebours. Pour chaque semaine complète où elle aura respecté cet engagement, sa mère s'engage à lui permettre de rentrer à minuit plutôt qu'à 11heures le samedi suivant." Voilà une clause emballante et motivante pour Catherine! Il est préférable de spécifier une durée précise durant laquelle cette entente est valable. Comme dans la vraie vie, on date et on signe le contrat ainsi établi.

Exemples

<u>Le jeune qui tient sa chambre en désordre</u>

Contrat sur l'ordre et la propreté de la chambre de _____

Date: _____

Entente intervenue entre_____, ci-après appelé le guide et _____, ci-après appelé le disciple.

À partir de la date du présent contrat, et pour une période de _____, le disciple s'engage à effectuer les tâches suivantes aux fréquences mentionnées:

- Faire son lit tous les matins;
- Placer quotidiennement ses vêtements aux endroits appropriés: dans sa commode, sa garde-robe ou dans le panier de la salle de bain pour les vêtements salis;
- Passer l'aspirateur dans sa chambre chaque samedi;
- Ranger tout ce qui traîne sur le plancher le premier de chaque mois.

Un calendrier affiché sur la porte de chambre servira de contrôle et de rappel. En échange de ces travaux, le guide s'engage à:

- Ne plus récriminer sur l'état de la chambre;
- Accorder une allocation hebdomadaire de 5 $;
- Autoriser le disciple à inviter deux amis à coucher, une fois par mois.

Ces avantages seront supprimés en cas de non-respect de l'entente. En foi de quoi, nous avons signé:

_____ Le guide

_____ Le disciple

La confrontation dirigée (+ -)

Cette technique s'applique davantage avec des enfants âgés de plus de dix ans, mais peut, dans certaines circonstances, être employée avec des enfants plus jeunes. La confrontation dirigée est une expérience de courte durée menée par le parent, qui consiste à confronter l'enfant à son comportement désagréable, en lui faisant vivre une situation analogue à celle qu'il impose à son entourage. L'objectif est d'amener l'enfant à prendre conscience de sa conduite, à développer son empathie et à le motiver à modifier sa conduite par le biais de cette expérience vécue. Il va de soi que cette expérience ne doit comporter aucun risque de préjudice psychologique (induction d'une peur ou autre). Cette stratégie sera employée avec toute la prudence requise.

> "Cette expérience ne doit pas être une vengeance ou un défoulement de la part de l'éducateur, parent ou professionnel. Elle ne doit pas confronter le jeune à l'adulte, mais uniquement aux conséquences de ses actes... Elle (cette expérience) est dirigée parce qu'elle prend fin dès que le jeune est prêt à dialoguer ou dès qu'il a compris." (Kemp,1989, p. 182)

Les éducateurs NE devraient PAS employer cette stratégie. S'ils désirent l'essayer, À TITRE EXCEPTIONNEL, ils devraient TOUJOURS consulter les parents avant de faire appel à cette technique et obtenir leur accord au préalable. On m'a rapporté le cas d'une jeune femme qui gardait plusieurs enfants dont une fillette de trois ans qui avait la mauvaise habitude de jouer dans son nez avec ses doigts et de manger ses "crottes de nez", à tout moment de la journée et ce, devant les autres enfants. La gardienne avait déjà appliqué plusieurs moyens pour contrôler cette conduite: aider l'enfant à se moucher, ignorer le comportement et laisser agir la pression sociale des pairs, détourner son attention vers d'autres activités, lui répéter d'innombrables fois par jour la conduite adéquate, lui expliquer pourquoi elle ne devait pas faire cela, la réprimander verbalement...

Je ne sais pas si chaque moyen avait été appliqué avec suffisamment de constance pour produire un effet mais toutes ces interventions n'avaient donné aucun changement. L'enfant était de plus en plus rejetée par les autres qui refusaient, entre autre, de manger à ses côtés. La gardienne eut alors l'idée de lui servir, lors d'une collation, des noix de grenoble colorées en vert avec du colorant alimentaire, en lui faisant croire qu'il s'agissait de crottes de nez. La petite fille réagit par une moue dégoûtée et refusa de toucher sa collation. Le résultat fut radical: elle cessa aussitôt la conduite répréhensible, aussi bien à la maison que chez la gardienne. Les parents, qui n'avaient pas été informés de cette démarche, prirent connaissance de l'expérience par les propos de leur fille. Vous pouvez imaginer la confusion qui s'ensuivit! Une clarification dû être faite pour dissiper leurs craintes. Bien que satisfaits de l'heureux dénouement, ils perdirent confiance en cette dame et lui retirèrent la garde de leur enfant.

Exemples

<u>L'enfant qui mord</u>

L'attaque par morsures est un phénomène qui apparaît plus souvent vers dix-huit mois, à la phase d'opposition. Le tout-petit a remarqué que lorsqu'il mange un aliment, ce dernier disparaît. Le fait de mordre un autre enfant devient, dans sa pensée, une façon inconsciente d'exprimer les sentiments de frustration qu'il éprouve. On pourrait traduire le message par "J'aimerais bien que tu disparaisses!"

Observez d'abord attentivement si l'enfant mord réellement ou s'il fait seulement semblant. Lorsque l'attaque est réelle, commencez par soulager une éventuelle poussée dentaire par l'application de gelée anesthésiante sur la gencive et la présentation d'un jouet en plastique souple dans lequel il peut mordre. Interposez-vous ensuite chaque fois qu'il mord quelqu'un ou tente de le faire en assortissant votre intervention d'une réprimande verbale bien sentie ("Non! Ne mord pas!"). Si cela n'est pas suffisant pour le dissuader, le parent peut ajouter une intervention physique sous la forme d'une petite chiquenaude sur la joue chaque fois que le tout-petit recommence. Aidez également l'enfant à verbaliser ses sentiments en lui montrant à dire "Je suis fâché contre toi!" plutôt que de mordre. Ces moyens appliqués systématiquement permettent de contrôler en quelques jours à quelques semaines la plupart des petits mordeurs.

Les plus coriaces peuvent céder à l'expérience d'une confrontation dirigée telle que de faire mordre l'enfant dans un demi-citron chaque fois qu'il mord une personne. Quand toutes ces techniques échouent et que la mauvaise habitude persiste plusieurs mois, certains parents désespérés sont tentés, en dernier ressort, de mordre eux-mêmes l'enfant sur le bras, juste assez fort pour qu'il ressente la douleur causée par la morsure dans l'espoir que cette expérience mettra un terme final au comportement inadéquat de l'enfant. Si vous en êtes arrivés à ce stade, persévérez d'abord un mois de plus ou consultez un psychologue avec votre enfant. Il est préférable de ne pas employer une méthode agressive pour enseigner un comportement pacifique.

Le jeune agressif et batailleur

Les enfants agressifs et batailleurs présentent souvent des retards dans l'empathie socio-cognitive. L'empathie socio-cognitive est la capacité de comprendre le point de vue d'une autre personne. Des études démontrent que les jeunes qui briment régulièrement un souffre-douleur dans la cour d'école, éprouvent de grandes difficultés à imaginer les émotions de leur victime (Olweus, 1978). C'est pourquoi la question "Comment te sentirais-tu si tu étais à sa place?" ne suscite que des rires ou des haussements d'épaule de la part des jeunes brutaux. On peut mettre le jeune violent en situation de confrontation dirigée en le faisant participer à une pièce de théâtre où on lui confie un rôle de victime. Le théâtre, tout comme les jeux de rôle, contribue au développement de l'empathie de l'individu, et par conséquent à l'adoption de conduites pacifiques.

L'adolescent qui répond toujours "Attends une minute"

Il dit toujours "Attends une minute..." lorsque vous lui demandez un service. Attendez qu'il vous demande à son tour quelque chose, comme d'aller le reconduire à sa pratique de hockey, et répondez de la même manière "Attends une minute..." L'expérience prend fin quand l'adolescent a ressenti l'énervement et la frustration engendrés par cette réponse, et accepte de faire un effort pour réagir immédiatement lorsqu'on lui fait une requête.

CHAPITRE 6 - LES MOYENS NÉGATIFS

CHAPITRE 6: Les moyens négatifs (- -)

Les stratégies négatives sont à proscrire en tout temps car elles induisent plus de conséquences négatives que de bénéfices. Leur seul avantage est de modifier le comportement de l'enfant à court terme. Ces techniques ne sont pas efficaces à moyen et à long terme. Employées régulièrement, elles coupent la communication entre le jeune et son parent, détruisent les liens affectifs, suscitent du ressentiment, de la colère, de l'hostilité. Les moyens négatifs étant dévalorisants pour l'enfant, ils engendrent souvent la crainte de les subir et le mensonge pour y échapper, en plus d'amener l'enfant à se percevoir mauvais, stupide et inutile. Le sentiment de rejet et la faible estime de soi qui en découle risquent de demeurer long-temps en lui et d'affecter toute sa personnalité.

Si les coups et les châtiments corporels peuvent être aisément qualifiés d'abusifs, les abus verbaux sont plus subtils et sont considérés par bien des personnes comme moins dommageables que les agressions physiques. Et pourtant ces mesures peuvent causer des blessures morales tout aussi profondes et dévastatrices que les premières. Une langue acérée peut faire autant de mal que des coups! Les stratégies négatives à bannir sont:

- Les menaces;
- Les humiliations et les moqueries;
- Les cris et les sermons;
- Les critiques;
- L'isolement prolongé et/ou dans un lieu restreint;
- La punition corporelle.

Les menaces (- -)

Le Petit Larousse décrit les menaces comme "Une parole, un geste ou un acte par lequels on exprime la volonté que l'on a de faire du mal à quelqu'un." Les menaces, même lorsqu'elles ne sont que des paroles en l'air, détruisent le sentiment de sécurité intérieure de l'enfant. Il faut comprendre que le jeune enfant fait entièrement confiance à ses parents et éducateurs. Il accepte toutes leurs déclarations comme des faits. Sa capacité mentale et son développement cognitif font qu'il ne peut, psychologiquement parlant, faire la distinction entre un avertissement assorti d'un simulacre de conséquence et une menace réelle suivie d'une action inquiétante. En grandissant, l'enfant en vient à ne plus tenir aucun compte de ces avertissements, ayant constaté que les périls annoncés ne se produisent point.

Exemples

<u>L'enfant qui est agité</u>

Dire à un enfant de 3 ans "Je vais te donner si tu es tannant!", ou "Si tu touches encore ton pénis, je le coupe!", sont des menaces qui frisent la cruauté mentale. De telles intimidations, loin de calmer l'enfant, ont pour effet de le rendre plus anxieux, et par conséquent plus agité.

Une de mes amies avait prévenu son neveu de quatre ans qu'elle lui "collerait les fesses" sur sa chaise s'il ne cessait pas de bouger durant le repas. Elle n'avait l'intention d'utiliser que deux papiers collants pour lui faire penser à rester assis. Mais l'enfant, lui, avait cru que ses deux fesses seraient définitivement scellées avec de la colle. Inutile de dire que cette intervention maladroite fut controversée!

<u>Le jeune dont le comportement change après la séparation de ses parents</u>

Simon, neuf ans, est devenu agressif et récalcitrant depuis que sa mère a demandé et obtenu la séparation d'avec son mari. Son père ne cessant de lui répéter qu'il souhaite reconquérir sa mère, il considère celle-ci responsable et lui reproche de ne pas vouloir revenir avec son père. Ses sautes d'humeurs et ses incartades se multipliant, sa mère, exaspérée, finit par lui lancer: "Si tu continues, je vais t'envoyer au pensionnat!" Loin d'arranger les choses, Simon, de plus en plus confus, entre de plain-pied dans une rébellion ouverte. C'est l'enfer!

Au Québec, 20,8% des familles sont monoparentales et 83 % d'entre elles sont dirigées par la mère. (Recensement de 1986, Statistique Canada). Le processus psychologique qui suit la rupture est semblable à un deuil, aussi bien pour le parent que pour l'enfant. Élisabeth Kübler-Ross a décrit ainsi les cinq étapes d'un deuil:

1- La personne confrontée à une perte, refuse d'abord le fait ou cherche un bouc émissaire: c'est la phase de la négation;

2- La colère, où se mêlent l'amertume, la révolte et le sentiment d'injustice, suit habituellement la négation;

3- Lorsque renaît temporairement un espoir, on voit apparaître le marchandage;

4- La tristesse est une étape marquée par un intense sentiment de solitude pouvant parfois aller jusqu'à la dépression;

5- L'acceptation, où la personne prend la décision de vivre avec la réalité, pour le mieux, émerge lentement de ce processus.

Des recherches sur le divorce indiquent qu'en général il faut entre un à deux ans au parent pour retrouver un certain apaisement et réordonner sa vie. Les enfants vivent eux aussi ces nombreuses émotions. Durant cette période, leurs besoins affectifs influencent leurs comportements. Rassurez-les sur l'amour que vous leur portez en spécifiant bien que c'est le lien conjugal qui est rompu et non le lien parental. Et, surtout, qu'ils sachent qu'ils ne sont pas responsables de l'échec du couple! Donnez à l'enfant du temps pour s'adapter ainsi que la possibilité de s'exprimer. Évitez de prendre les enfants en otages en les investissant du rôle de "l'espion", en les mettant en situation de conflit de loyauté ou en les utilisant comme confident. Rejoignez un groupe de soutien pour vous aider et vous conseiller.

Le parent seul a souvent tendance à relâcher la discipline alors que l'enfant a, plus que jamais, besoin de structures. Françoise Dolto recommande de garder une certaine continuité spatiale dans l'environnement (Dolto, 1988). Le fait que l'enfant continue à fréquenter la même école, par exemple, lui laisse des points de repère. Il semblerait que même une nouvelle décoration désoriente les moins de dix ans! Un autre élément de stabilité est constitué par les traditions familiales et les fêtes. Bien que cela demande quelques efforts, le parent en situation monoparentale continuera de souligner ces événements, même avec moins de faste.

Le code de conduite fait partie de cet encadrement sécurisant dont l'enfant a tant besoin. Les règles de vie qui étaient adéquates et efficaces avant la séparation devraient prévaloir encore après la séparation. Centrez-vous sur les points les plus importants et surtout n'abandonnez pas l'enfant à lui-même, sous le faux prétexte de la liberté et de l'autonomie. L'enfant, plus que jamais, a besoin d'un guide.

L'adolescent et la drogue

Menacer un adolescent, c'est jouer avec une bombe car une des caractéristiques de tout adolescent est l'esprit de contrariété. En lui disant: "Si tu touches à la drogue, je te mets à la porte!", vous stimulez sa curiosité et sa tendance à vérifier vos affirmations dramatiques pour vous contredire, vous mettre à l'épreuve ou vous prendre en défaut. Ainsi, le réflexe de certains adolescents devant une telle approche sera de riposter: "Essaie donc de m'en empêcher!" ou d'expérimenter les drogues en cachette.

Procurez-vous plutôt de l'information objective sur les drogues et partagez avec votre adolescent ces données dans un climat de confiance et de détente. La discussion ne doit pas ressembler à un embrigadement! Abordez vous-même le sujet à la faveur d'une publicité ou d'une émission sur la cigarette, la bière ou les drogues. Brisez la glace en lui demandant ce qu'il en pense et surtout ÉCOUTEZ ce qu'il dit!

Toutes les expériences n'ont pas besoin d'être vécues personnellement pour être apprises. Elles peuvent aussi s'assimiler lorsque les parents en parlent sans dramatisation. L'expérience des drogues n'a pas besoin d'être vécue par les jeunes pour qu'ils apprennent à se détourner de ces substances. Le parent qui expose les faits concernant les drogues ou relate de mauvaises expériences vécues par lui-même ou par d'autres, et qui établit avec son jeune des règles de comportement à respecter à partir de ces faits et expériences, peut enseigner à son enfant les comportements non dommageables pour celui-ci, sans qu'il ait à les apprendre par des expériences directes et douloureuses. Cette façon de faire suppose une bonne communication entre vous et votre enfant.

Les humiliations et les moqueries (- -)

Pénible et dégradante, l'humiliation donne lieu au refoulement et apprend à l'enfant à se dissimuler. Le traditionnel chapeau d'âne trouve sa contrepartie à la maison de mille et une manières tout aussi blessantes les unes que les autres. Le terme humilier vient du latin *humilis* qui veut dire bas, près de la terre. La personne qui utilise ce moyen cherche à rabaisser l'autre, à l'écraser. Les relations parent-enfant souffrent énormément de ces mesures.

La culpabilisation place l'enfant en position fautive. "Tu fais de la peine à maman", "Tu vas me faire mourir! C'est à cause de toi si je suis malade!", "Tu devrais avoir honte!", sont autant de blâmes déguisés qui rendent les jeunes malheureux. L'enfant modifie parfois son comportement de crainte de ne plus être aimé, ce qui laisse croire au parent que cette stratégie est valable. Cette forme subtile de dévalorisation porte ombrage à l'estime de soi de l'enfant et mine la relation parent-enfant. Le chantage affectif n'a rien à voir avec la véritable discipline.

Faire des remarques désobligeantes à un jeune devant ses amis est une expérience des plus mortifiante, gênante et honteuse. Le parent perd sa crédibilité lorsqu'il agit de la sorte et attise la contestation et la révolte. Les problèmes doivent se résoudre entre les personnes concernées et ne doit pas impliquer des tiers.

Les sarcasmes, les railleries et la dérision sont tout aussi néfastes. Ces interventions sapent l'estime de soi de l'enfant et ne lui enseignent pas la conduite adéquate. Le recours fréquent à la moquerie est l'indice presque certain d'un faible répertoire de stratégies éducatives ou de fatigue chez le parent. Ce dernier aurait donc avantage à suivre des cours pour s'entraîner à employer des techniques positives ou neutres, appeler un centre d'écoute téléphonique ou demander de l'aide pour gérer son stress.

Exemples

L'enfant qui dit des grossièretés

Une vieille punition consiste à laver la bouche d'un enfant avec du savon parce qu'il a dit des grossièretés. Cette réaction, si elle a quelque effet apparent, n'a rien d'éducatif! Lorsqu'un enfant profère des jurons, on doit d'abord se demander où il a bien pu les apprendre. L'enfant apprend par mimétisme; il y a donc forcément dans son entourage une ou plusieurs personnes qui utilisent ce vocabulaire.

On essaiera en premier lieu de trouver et de contrôler la source du problème. Ensuite on expliquera à l'enfant pourquoi l'utilisation de ces mots n'est pas souhaitable. Puis ont lui édictera la règle de conduite: "Je veux que tu surveilles ton langage et que tu n'utilises plus les mots suivants... S'il t'arrive d'oublier cette consigne, je te la rappellerai et tu reprendras ta phrase."

L'enfant qui geint et qui pleurniche

S'exclamer "Ce qu'il chante bien!" lorsqu'un enfant pleurniche avec insistance, alimente ses cris et ses jérémiades. Un enfant geignard n'apprendra pas de cette manière à cesser de se plaindre. Vous pouvez essayer d'ignorer ses lamentations ou capter son attention par une diversion.

L'adolescent qui affirme ses préférences

Si votre fille s'exclame devant une vitrine: "Quel beau chandail!", ne répondez pas: "Voyons, il est bien trop décolleté pour toi!" ou "Tu n'as aucun goût, cette couleur est affreuse!" De tels commentaires posent des jugements de valeurs, sont blessants et appellent l'hostilité.

Reconnaissez et acceptez les sentiments de votre adolescent. Voilà une occasion en or de pratiquer l'écoute active! Reflétez le sentiment de votre fille, suivi de votre propre position. "Tu aimes les couleurs vives. Moi je préfère les couleurs pastels." Cette rétroaction encouragera la communication plutôt que de la couper.

L'adolescent qui prend des initiatives

L'adolescent ressent le besoin de voler de ses propres ailes, de "s'essayer". Ses initiatives ne seront pas toujours appropriées ou vous sembleront parfois prématurées, mais elles ne doivent pas être fustigées. Dire "Laisse donc sécher ton nombril avant de vouloir faire comme les adultes!" est dévalorisant et disqualifie les tentatives d'autonomie de votre jeune. C'est une expression à mettre au rancart!

Railler un adolescent

Lors d'une enquête effectuée dans une polyvalente on a demandé à des adolescents de donner des exemples de propos ou de paroles désagréables d'adultes qui les blessent, les choquent ou les attristent. La liste est longue!

> "Tu ris comme un cheval... Lui as-tu vu l'attriqure!... V'la notre face de boeuf!... Maquille-toi pas tant, c'est pas l'Halloween!... Ça paraît que c'est pas toi qui a inventé le bouton à quatre trous!... Tu as l'air d'une vraie moppe!... Montre tes belles dents toutes plombées... Ramasse tes guenilles, traîneux!... Si ce n'était pas de ta tête, tu ne serais pas laide!... T'es donc innocente... Tu te penses bien fine là!..."
> (Bélanger, Robert, 1989)

Les vexations continuelles sont une façon de déconsidérer l'autre, de lui montrer qu'il ne vaut rien. Il ne peut en résulter que de l'amertume et de l'hostilité de la part de l'adolescent. Évitez d'avoir recours à ce genre de propos, peu importe les circonstances. C'est un manque de respect pur et simple.

Les cris et les sermons (- -)

Aboyer des impératifs peut produire un certain effet si de tels cris sont exceptionnels, mais employés régulièrement ils entraînent d'inévitables répétitions et une atmosphère tendue. Les cris effraient les tout-petits et les plongent dans la confusion et l'anxiété. Quant aux longues exhortations, ils n'en comprennent à peu près rien, compte tenu de leur faible capacité de concentration.

Les jeunes détestent les cris. Lors d'un sondage portant sur les préférences des élèves en classe, 25 % d'entre eux ont mentionné les cris de l'enseignant comme étant un facteur démotivant (Vie pédagogique, 1987, p. 6). Les enfants sont sensibles aux humeurs de leurs éducateurs. Ils apprécient que les adultes soient "gentils et fins", qu'ils fassent des blagues avec eux et soient de bonne humeur.

Quant au rabâchage continuel ou aux longues tirades moralisatrices, ils habituent les jeunes à ne pas tenir compte de vos propos. Tous les adolescents vous le diront: ils détestent les interminables prêches du style "Dans mon temps, les jeunes..." Évitez donc de vous répandre en imprécations nostalgiques.

Révisez la section "Annoncer le code" au chapitre 4. Elle vous donne des idées sur la façon de rappeler une règle sans avoir recours à ces moyens négatifs.

Exemples

Le jeune qui est jaloux de son frère ou de sa soeur

Une forme particulièrement pernicieuse de discours est la comparaison d'enfants entre eux. Les remarques du style "Fais comme ta soeur!" ou "Regarde ton frère, il n'est pas impoli comme toi!" sont à la source d'un nombre incroyable de rivalités et de jalousies fraternelles. Ne comparez jamais deux enfants, que cette comparaison soit favorable ou défavorable à l'enfant à qui elle s'adresse.

Une comparaison favorable telle que "Tu t'habilles mieux que ta soeur!", crée un faux sentiment de supériorité et incite l'enfant complimenté à narguer l'autre. Dites plutôt "Tu es bonne pour assortir les couleurs!" Une comparaison défavorable comme "Ton petit frère ne fait pas autant de dégâts que toi!" a pour résultat d'amener l'aîné à se venger du cadet, perçu comme étant préféré. Dites plutôt: "Va chercher du papier absorbant et éponge le lait que tu as renversé."

L'adolescent qui vous contredit

À la recherche de son identité et de son autonomie, l'adolescent a tendance à se définir en prenant une position opposée à celle de ses parents. Si ces derniers aiment l'ordre et la propreté, il portera une tenue débraillée et tiendra sa chambre en désordre. Prônent-ils une saine alimentation? Il engloutira des frites et des sucreries à longueur de journée. Sont-ils des sportifs convaincus? Il ne quittera pas le divan du salon. Attachent-ils de l'importance aux résultats scolaires? Il cultivera la cancrerie. Les parents déconcertés, choqués, dépassés, finissent par revenir aux stratégies négatives et c'est l'escalade!

Ce comportement est normal. L'adolescence est une période de restructuration profonde de la personnalité ponctuée d'incertitude, d'incohérence, d'essais et d'erreurs. Prenez garde de ne pas dramatiser. La plupart du temps les choses ne sont pas aussi graves qu'on le pense. Centrez vos interventions (voir p. 67) et saisissez les occasions de communication. Ne restez pas isolés. Parlez de vos sentiments à d'autres parents ou consultez des spécialistes au besoin.

Les critiques (- -)

Une critique est un jugement qui fait ressortir les qualités, mais le plus souvent les défauts des personnes ou des choses. La critique négative blâme, accuse, désapprouve et dénigre sans proposer aucun élément de rechange. Elle débute souvent par le mot "tu". Une critique constructive est un point de vue basé sur l'analyse ou une certaine objectivité, qui indique les points forts et les points faibles d'une personne ou d'une situation et suggère une ou plusieurs solutions.

La critique est toujours un outil difficile à manier. Même l'approche constructive demande de la diplomatie et ne doit être utilisée qu'avec discernement. Pour formuler une critique constructive, on prendra soin de débuter par un fait positif, un "bon coup". On présentera ensuite le point faible comme étant un défi intéressant à relever, une attitude à améliorer. On terminera ensuite la critique constructive par la mention d'un autre point positif. C'est ce que j'appelle la technique du "sandwich". Essayez cette approche lors de la remise du bulletin scolaire.

Exemples

<u>L'enfant qui parle peu ou lentement</u>

Le parent qui exige la perfection et critique sans cesse les efforts de l'enfant a tôt fait de le décourager. Par exemple, le fait de reprendre constamment le langage de l'enfant, de souligner ses erreurs de syntaxe ou de désapprouver sa lenteur à exprimer sa pensée finit par produire l'effet contraire à celui recherché. Assurez-vous par un examen médical, que votre enfant a une bonne audition. Parlez-lui lentement, avec des mots simples, puis écoutez-le sans l'interrompre. Ne l'accablez pas pour qu'il parle plus vite, qu'il parle davantage ou qu'il développe un vocabulaire plus étoffé.

Employez plutôt une approche ludique pour l'encourager à parler et corriger sa prononciation. L'utilisation de marionnettes aide l'enfant à s'exprimer. Les comptines et les chansons enfantines encouragent le langage. La musique est une forme de prélude au langage. Les sons seront pratiqués sous forme de jeu. Si l'enfant dit: "De la choupe?", le parent pourrait répondre. "Oui, c'est de la soupe. Ça commence par "ssss", comme le bruit du beurre qui fond dans la poêle. Essayons ensemble "ssss ... soupe!" Si les difficultés de langage persistent, consultez un spécialiste (orthophoniste, orthopédagogue...).

<u>Le jeune qui étudie peu ou mal</u>

"Tu aurais dû étudier davantage!" est une critique qui n'aide en rien le jeune à être plus compétent dans ses travaux scolaires. Lorsque les résultats scolaires commencent à ressembler à une série noire, il faut d'abord vérifier si le jeune éprouve des difficultés d'apprentissage. Un blocage sur un point précis comme la division peut empêcher la compréhension de toutes les notions subséquentes bâties sur cette prémisse (les fractions, les décimales...). Ceci est particulièrement vrai pour les mathématiques.

Si on ne détecte aucun trouble d'apprentissage, l'enfant ne sait probablement pas comment étudier. Il se contente peut-être de regarder vaguement ses notes ou d'effectuer quelques exercices au hasard. Les travaux scolaires constituent une jonction importante de la vie scolaire et familiale à laquelle les parents sont appelés à s'impliquer pour favoriser la réussite scolaire de leurs jeunes. La participation parentale peut se faire de multiples manières:

1- Aménagez un coin de travail agréable. La plupart des jeunes font leurs travaux scolaires dans la cuisine, un endroit passant et bruyant. Il est ardu de se concentrer lorsqu'on est constamment sollicité par le bruit de la télévision dans la pièce voisine, le va-et-vient, les conversations environnantes. Pour créer une atmosphère propice à l'étude, installez un bureau dans la chambre du jeune ou dans un endroit tranquille. Ajoutez une chaise maintenant le dos bien droit et un bon éclairage.

Quelques tablettes fixées au mur ou une petite étagère pour ranger les effets scolaires peuvent compléter le tout. Si une telle installation est trop dispendieuse pour votre budget, surveillez les soldes de la rentrée scolaire, où ces articles sont offerts à prix très abordables. Songez que c'est un investissement qui servira à votre enfant pendant des années! Et de grâce, fermez la télévision durant la période consacrée à l'étude! L'absence de distractions aide la plupart des jeunes à mieux étudier. Pour d'autres, par contre, un fond musical rythmé les aide à se concentrer.

2- Enseignez à votre enfant une méthode de travail. Déterminez d'abord avec lui le meilleur moment pour accomplir ses travaux scolaires et incitez-le à respecter le plus souvent possible cet horaire afin d'instaurer une routine. Montrez-lui comment fractionner un long travail en plusieurs petites périodes d'étude, comment se servir d'un agenda pour planifier ses différents travaux et répartir leur exécution dans le temps. Apprenez-lui à classer et à faire ses devoirs par ordre décroissant de difficulté, c'est-à-dire qu'il devrait toujours commencer par le travail qu'il trouve le plus difficile, et terminer par celui qu'il trouve le plus facile et le plus agréable.

3- Supervisez régulièrement ses devoirs. L'adulte ne doit pas se désintéresser des travaux scolaires de l'enfant mais l'assister de façon ponctuelle en répondant à ses questions, en servant de répétiteur lors des périodes d'examens, en révisant brièvement le travail à la fin de la période d'étude et en dispensant des encouragements afin de soutenir les efforts de l'enfant. L'engagement des parents a un effet positif sur la réussite scolaire de ses jeunes. Spécifions cependant que:

"...si l'enfant du premier cycle a besoin du soutien de ses parents pour prendre plaisir à faire ses devoirs... l'autonomie se développe tout particulièrement au deuxième cycle du primaire..." et qu' "Au secondaire, l'adolescent doit être capable d'assumer l'entière responsabilité de ses devoirs." (Laporte, Danielle, Germain Duclos et Louis Geoffroy, 1990, p. 225)

L'apprentissage de stratégies d'étude est donc un processus qui s'étale sur plusieurs années.

Le pouvoir de suggestion des critiques sur les jeunes

Les attentes que vous formulez sur votre enfant ne sont pas sans effet sur ce dernier. Ce phénomène est bien connu en éducation sous le nom d'"effet Pygmalion" ou d'"effet Rosenthal". L'effet Pygmalion peut être défini comme étant le processus par lequel un enseignant formule des attentes à partir de la première impression qu'il a d'un élève, qui influence par la suite, consciemment ou inconsciemment, sa façon d'agir ou de réagir à l'égard de cet élève.

Ainsi, lorsqu'un enseignant s'attend à ce qu'un élève réussisse, cet enfant a de bonnes chances d'avoir du succès. Quant à l'enfant dont on prédit l'échec, les faibles espoirs des maîtres trouvent souvent une confirmation de leurs prévisions. C'est comme si le jeune, inconsciemment, faisait tout en son pouvoir pour se conformer aux attentes - optimistes ou pessimistes - de ses éducateurs. Ce même phénomène se retrouve dans la famille. Lorsque les parents attribuent une étiquette à un enfant, ce dernier réagit la plupart du temps en assumant ce rôle.

Des enquêtes dans les prisons ont démontré que 80 % des prisonniers disent que leur entourage, parents et professeurs, leur avait prédit leur situation en répétant régulièrement: "Tu n'es qu'un bon à rien, tu vas finir en prison."

Le pouvoir de la suggestion est plus grand qu'on ne le pense. Si vous critiquez constamment votre jeune en lui affirmant: "Tu ne feras jamais rien de bon", "Tu n'as aucun talent pour les arts"... vous augmentez les possibilités que ces funestes prévisions se réalisent. L'inverse est également vrai. Si vous dites souvent: "Tu iras loin dans la vie!", "Tu es une personne travaillante!"... , vous risquez fort de voir ce résultat se produire. Ne jouez pas au prophète de malheur!

L'adolescent qui fréquente des amis que vous n'aimez pas

"Je n'aime pas cet ami. Il a un air bizarre avec ses cheveux longs et sales..." Les amis sont importants pour votre adolescent et les critiquer revient à critiquer celui qui les a choisis. C'est pourquoi le sujet des amis indésirables est un sujet délicat, qui demande énormément de tact de votre part. Expliquez pourquoi vous n'aimez pas cette personne en signalant les comportements que vous trouvez inacceptables. Apportez des faits ("Il a été impoli avec moi à deux reprises") et non des impressions ("On dirait qu'il prend de la drogue"), et incitez votre jeune à développer son esprit critique. Interdire à votre adolescent de voir son ami est inefficace; la riposte pourrait même être explosive! L'interdiction sans appel de fréquenter un ou des amis est un des événements déclencheurs évoqué dans certains cas de fugue. Interpellez plutôt votre adolescent avec le plus d'objectivité possible.

L'isolement prolongé et / ou dans un lieu restreint (- -)

Un isolement bref permet à chacun de reprendre ses esprits, de se calmer. Par contre, un isolement prolongé réactive la peur de l'abandon et a de fâcheuses conséquences. Certains parents décrètent ainsi que l'enfant ira dans sa chambre plusieurs heures, ou encore que leur adolescent restera dans sa chambre tous les soirs après l'école pendant une semaine ou plusieurs fins de semaine d'affilée. De telles mesures punitives engendrent généralement de l'agressivité et des agissements répréhensibles de la part du jeune. Dans certains cas, l'enfant retourne son agressivité contre lui-même et sombre dans la tristesse ou la dépression.

La notion du temps chez les enfants est très différente de celle des adultes. Un délai qui semble court à un adulte apparaît bien plus long à un tout-petit. L'isolement bref et appliqué d'une façon appropriée se révèle par contre une technique pertinente dans un grand nombre de situations (voir le hors-jeu, p. 125).

L'isolement dans un endroit restreint ou menaçant pour l'enfant (placard, cave sombre et humide...) peut engendrer des phobies tenaces (claustrophobie, arachnophobie...), des cauchemars persistants et tous les sentiments négatifs liés aux mauvais traitements.

L'isolement moral qui consiste à refuser de parler au jeune pendant des heures, voire des jours, est du même type. Un tel retrait de la communication suscite chez l'enfant de l'angoisse.

Exemples

L'adolescent qui fugue

Le parent qui confine régulièrement un adolescent à sa chambre pour plusieurs jours se prépare des lendemains qui déchantent. Une telle punition, habituellement jugée injuste par le jeune, est irréaliste et inefficace. Certains adolescents, révoltés, mettront cette réclusion à profit pour fomenter des plans de fugue, quand ce n'est pas pour les exécuter, tout simplement.

Selon une étude, 13 % des élèves du secondaire ont déjà fugué et 20 % admettent y avoir songé (Miller et coll., 1980, cité par Lord, G., et C. Messier, 1985). La fugue est définie comme "... l'abandon du foyer familial par un mineur, pour au moins une nuit, sans autorisation parentale, l'adolescent s'étant soustrait volontairement à la surveillance." (Messier et Lord, 1985, p. 4)

Bien que certains jeunes fuguent par goût de l'aventure (quête d'un idéal, d'une vie de plaisir) ou pour rechercher un certain style de vie (itinérance, regroupement avec des gangs, attrait de la contre-culture), la plupart fuient une situation intolérable ou qui leur apparaît comme telle. Elle peut aussi être un moyen pris par le jeune pour communiquer avec ses parents, pour leur dire qu'il désire un changement dans ses relations avec eux. Une attitude disciplinaire immuable, une punition trop sévère, un stress omniprésent, une rupture familiale, l'interdiction de fréquenter un ami, une violente dispute, des abus physiques ou émotionnels, des échecs scolaires, des relations tendus avec les professeurs, des carences affectives sont autant de facteurs qui peuvent se conjuguer pour déclencher le passage à l'acte.

La plupart des jeunes qui fuguent se réfugient chez des amis. Selon les statistiques, plus de 70 % des fugueurs reviennent à la maison ou à leur centre d'accueil, d'eux-mêmes ou par l'entremise des services policiers, en moins de 72 heures. Un autre 20 % reviennent en moins d'une semaine.

La punition corporelle (- -)

La discipline a été longtemps associée au châtiment corporel. L'enfant, alors considéré comme "mauvais" devait être dressé à l'aide de gifles, de fessées ou de coups administrés avec une ceinture, une règle ou tout autre instrument. Certains auteurs allaient même jusqu'à faire l'éloge de tels moyens. Nous incluons sous cette rubrique toutes les formes de brutalités physiques telles que les coups de pieds, les coups de poings, les bousculades, les mauvais traitements causant des blessures telles que ecchymoses, coupures, brûlures, lésions, etc., et autres sévices corporels.

Ces approches ne sont malheureusement pas révolues. Au Québec, entre 25 000 et 30 000 enfants sont signalés chaque année au Directeur de la protection de la jeunesse. Les statistiques indiquent que les parents ou ceux qui en tiennent lieu sont les premiers en cause quand il s'agit d'enfants maltraités. Viennent ensuite les adultes et les institutions sociales qui exercent une forme d'autorité sur les enfants. La proportion des enfants victimes d'abus physiques augmente avec l'âge: 28% ont de zéro à cinq ans, 35% ont de six à onze ans et 36% ont de douze à dix-sept ans. Leur âge moyen s'établit à neuf ans (Les publications du Québec, 1987, p. 2 et 17). Les cas de maltraitance nous indiquent que l'âge des coliques (zéro-trois mois), la phase négativiste (deux-trois ans) et la préadolescence (dix-treize ans) sont trois périodes particulièrement critiques.

La punition corporelle implique plus souvent qu'autrement un défoulement de l'adulte. Sous le couvert d'éducation, le parent se libère de sa frustration, décharge son agressivité, devenant par le fait même un très mauvais exemple de contrôle de soi.

Des punitions physiques répétées causent de la colère, du ressentiment, de la rage, un sentiment d'injustice, un désir de vengeance, une perte de confiance en soi et de la peur dans le coeur de l'enfant. La peur à son tour peut l'inciter à mentir et à accuser les autres pour ne pas avoir à subir cette punition. Ces corrections sont rapidement inefficaces, le comportement à moyen et long terme étant rarement changé. Face au stress intense induit par les punitions corporelles, l'enfant peut développer des troubles du sommeil, de l'agressivité ou au contraire un repli sur soi, une piètre estime de soi, des symptômes psycho-somatiques (eczéma, malaises diffus...), manifestations inconsciente de son mal-être. Les études signalent également que les comportements suicidaires sont plus fréquents chez les enfants et les adolescents ayant connu une forme ou une autre de mauvais traitements.

De plus, cette attitude coupe la communication entre le parent et l'enfant. Tôt ou tard, l'enfant en vient à se révolter contre la personne qui lui inflige les châtiments corporels. Cette réaction ne se manifeste pas nécessairement lorsque l'enfant est jeune; la colère peut s'accumuler pendant des années pour exploser de façon inattendue à la période de l'adolescence. D'autres, plutôt que de se rebeller, adopteront des conduites de retrait et de repli sur soi.

À long terme, le jeune peut s'identifier à l'agresseur. L'enfant est totalement dépendant de ses parents dont les agissements constituent pour lui l'ultime référence. Ne pouvant comprendre ni remettre en question les comportements de ses parents, il finit par se convaincre que c'est lui qui est dans l'erreur et adopte petit à petit leurs attitudes. C'est la raison pour laquelle les enfants battus deviennent parfois à leur tour des adultes agresseurs. Certains affirmeront même: "J'ai été rossé toute mon enfance et je ne m'en porte pas plus mal!", pour justifier leurs gestes. Ils ne révèlent jamais ce qu'ils ont ressenti lorsqu'ils étaient de petits enfants sans défense soumis à la fureur d'un adulte, ces souvenirs étant profondément refoulés. Ils renient ainsi soigneusement leurs sentiments de colère afin d'éviter de faire face à leur propre souffrance enterrée. Ainsi, la colère et la rage refoulées trouvent leur exutoire sur la génération suivante.

Parmi les rares avantages de cette approche, mentionnons que la punition corporelle apaise le sentiment de culpabilité de l'enfant, ce dernier ayant "payé" pour sa faute. Elle produit également des résultats à court terme, ou du moins en donne l'apparence, l'enfant pouvant adopter une bonne conduite en présence de la personne crainte, mais devenant indiscipliné dès que celle-ci a le dos tourné. Bien qu'on puisse modifier le comportement à court terme avec des punitions corporelles, les séquelles étant néfastes et plus importantes que les bénéfices, cette méthode est définitivement à bannir. Alice Miller est d'avis que:

> "...maltraiter les enfants est le plus grand des crimes de l'humanité contre l'humanité... Comment interdire aux parents de se mettre en colère? demande-t-on souvent. Malheureusement, ceux qui avancent pareils "arguments" ne font guère la distinction entre l'état affectif, qui ne tue personne, et les actes qui eux sont dangereux. Il va de soi que les parents doivent avoir eux aussi le droit d'avoir des sentiments. Mais ils n'ont en aucun cas le droit de battre, gifler ou humilier d'autres façons leurs enfants impunément." (Miller, 1990, p.73-74)

Les brutalités physiques attaquent l'intégrité physique et surtout psychologique de l'enfant et ne sont, en dernière analyse, que l'expression du mépris de l'adulte envers un être plus petit. C'est un cul-de-sac dans lequel il vaut mieux ne pas s'engager. Tout enfant est une personne à part entière, et a droit au respect.

Tous les parents expérimentent, tôt ou tard, des sentiments négatifs face aux comportements de leur progéniture. Oui, il est vrai que les enfants nous font parfois "tourner en bourrique" ou "grimper dans les rideaux"! Il est alors normal de se sentir impatient, fâché ou excédé, mais ces sentiments doivent être exprimés autrement que par un geste de violence. Lorsque vous sentez votre pression monter dangereusement, quittez la pièce et attendez que votre colère tombe. S'il s'agit d'un tout-petit, assurez-vous d'abord qu'il est en sécurité, puis éloignez-vous et attendez d'avoir retrouvé votre sang-froid avant d'intervenir. En agissant ainsi, vous n'aurez pas à regretter des paroles blessantes ou des gestes excessifs. L'adulte qui a de la difficulté à contrôler ses émotions aurait avantage à suivre des cours sur la gestion du stress, ou à rencontrer un psychologue.

Exemples

<u>Le jeune qui brise involontairement une vitre ou un objet</u>

Un ami me racontait qu'à l'âge de huit ans, il avait brisé involontairement une vitre en jouant avec une balle trop près d'une maison voisine. Malgré ses remords, son père, irrité d'avoir une nouvelle facture à payer, lui avait administré une solide raclée. Il en avait résulté une telle hostilité envers son père que leurs relations en avaient été définitivement affectées. Vingt ans plus tard, des sentiments d'injustice et d'indignation l'agitaient encore lorsqu'il racontait cette triste histoire. Posons-nous la question: est-ce qu'une vitre vaut plus qu'un enfant? Non, bien sûr! Ce père, s'il avait comprit les répercussions de son geste, s'en serait certainement abstenu.

Il faut se poser cette question chaque fois qu'un objet précieux ou un bien matériel est abimé par notre enfant. Le bris est habituellement le résultat d'une maladresse, d'une imprudence ou d'un excès de colère. Il faut donc entraîner l'enfant à être adroit, prudent et à dominer ses emportements. L'incident, allié à notre déception, sont largement suffisants pour induire de salutaires regrets. Même lorsqu'un jeune casse volontairement quelque chose -ce qui est peu fréquent- il nous faut garder à l'esprit que nous mettons dans une balance notre relation avec cet enfant et notre attachement pour l'objet abîmé. Dans une telle situation, il serait important de connaître les motifs qui l'ont poussé à poser un tel geste et à les prendre en considération.

J'ai appliqué personnellement ce principe et j'ai certes perdu quelques biens matériels, mais j'ai gardé l'estime et l'affection de mes enfants. Une amie en visite fut fort surprise quand mon fils m'annonça d'un ton navré: "Maman, j'ai cassé ta belle tasse en faisant la vaisselle..." Je répondis: "Oh, non! Ma tasse préférée... enfin, cela peut arriver à n'importe qui. Ramasse les morceaux en prenant soin de ne pas te couper. Je m'en rachèterai une autre." Il proposa alors spontanément de payer l'achat à même son argent de poche. Mon amie n'en revenait tout simplement pas. "Mon enfant m'aurait tout caché et aurait même menti pour ne pas admettre sa responsabilité."

L'adolescent et les mauvais traitements

Les adolescents étant davantage en mesure de se défendre, bon nombre d'entre eux ne sont plus inquiétés par les châtiments corporels lorsqu'ils atteignent une certaine grandeur. D'autres continuent de subir ces mauvais traitements.

"Certains chercheurs prétendent qu'un adolescent sur cinq est victime d'abus ou de violence parentale. De ce nombre, 5% se font lancer des objets par les parents; 20% se font bousculer, empoigner ou pousser violemment; 23% sont battus ou giflés; 2,5% sont mordus ou frappés à coups de pied ou de poing; 4,3% sont frappés avec différents objets. Il ressort aussi que les mères sont tout autant violentes que les pères." (Cook et Bowles, cité par Bélanger, Robert, 1989, p. 121)

Conclusion

Le rôle de parent en est un des plus complexes qui soit et un des plus important pour notre société et son avenir. Pourtant, c'est la profession qui reçoit le moins de formation et de préparation. La lecture d'un seul livre ne suffit pas à communiquer cette compétence! C'est pourquoi je vous invite à poursuivre votre recherche d'une meilleure parentalité en lisant d'autres volumes, en assistant à des conférences et en échangeant avec les autres intervenants dans l'éducation de vos enfants.

La discipline est une préoccupation fort ancienne. Déjà, la Bible en préconisait l'exercice en affirmant: "Instruis l'enfant selon la voie qu'il doit suivre, et quand il sera vieux, il ne s'en détournera pas" (Proverbe 22:6). Aujourd'hui encore, la discipline demeure un défi quotidien pour les parents et les éducateurs soucieux de répondre aux besoins de l'enfant.

Aucune des techniques présentées dans ce livre n'est infaillible. Mais n'est-il pas rassurant de savoir que l'on dispose de multiples outils pour faire face aux comportements déroutants de nos enfants et les guider vers l'autodiscipline? Rappelez-vous surtout que la discipline doit d'abord s'appuyer sur l'affection et qu'il faut privilégier les stratégies positives. Beaucoup de parents ont appliqué ces conseils avec succès. Pourquoi pas vous?

Bibliographie

Auger, Lucien - *Comment aider mon enfant à ne pas décrocher*, Éditions de l'Homme, 1992

Bandura, A. , Ross, D., Ross, S.A. - *Transmission of agression through imitation of agressive models*, Journal of abnormal and social Psychology, 1961, 63, pp. 575-582

Baumrid, Diana - *Harmonious parents and their preschool children*, Developmental Psychology, 1971, 4 (1), pp. 99-102

Bélanger, Robert - *Parent d'adolescent*, Édité par l'auteur, 1989

Bettelheim, Bruno - *Pour être des parents acceptables*, Éditions Robert Laffont, Collection Réponses, 1988

Bettelheim, Bruno - *Psychanalyse des contes de fées*, Éditions Robert Laffont, Collection Réponses, 1976

Bradshaw, John - *Retrouver l'enfant en soi*, Éditions Le Jour, 1990

Campbell, Ross - *Comment vraiment aimer votre enfant*, Éditions Orion, 1981

Challamel, M.J. et Marie Thirion - *Le sommeil, le rêve et l'enfant*, Éditions Ramsay, 1988

Cloutier, Richard, Renaud, André - *Psychologie du développement: adolescence*, Presses de l'Université Laval, 1976

Cook, J.V. et R.T. Bowles - *Child abuse*, Butterworth

Coopersmith, Stanley - *Antecedents of self-esteem*, Freeman, 1967

Dion, Karen - *Children's physical attractiveness and evaluation of children's transgressions*, Journal of personnality ans social Psychology, 1972, 24, pp. 207-213

Dodson, Fitzhugh - *Aimer sans tout permettre*, Éditions Robert Laffont, Collection Marabout, 1979

Dolto, Françoise - *Quand les parents se séparent*, Éditions du Seuil, 1988

Faber, Adele et Elaine Mazlish - *Jalousies et rivalités entre frères et soeurs* , Éditions Robert Laffont, Collection Marabout, 1989

Falardeau, Guy - *Les enfants hyperactifs et lunatiques*, Le Jour Éditeur, 1992

Gauthier, Jean-Louis, Eve Méthot, Gilles G. Lamontagne et Angèle Dagenais - *La génération capotée* , Revue Châtelaine, Mai 1993

Glickman, Carl, Wolfgang, C. - *Solving discipline problems*, Newton, 1986

Gordon, Thomas - *Parents efficaces*, Éditions du jour, 1977

Goupil, Georgette et Jean Archambault - *En classe, j'aime, je n'aime pas...* , Revue Vie Pédagogique, numéro 50, octobre 1987

Hanigan, Patricia - *La jeunesse en difficulté* , Presses de l'Université du Québec, 1991

Hébert, Jacques - *La violence à l'école*, Éditions Logiques, 1991

Kemp, Daniel - *Devenir complice de l'enfant Teflon*, Éditions E=MC2, 1989

Kübler-Ross, Elisabeth - *La mort et l'enfant*, Éditions du Tricorne, 1986

Laporte, Danielle, Germain Duclos et Louis Geoffreoy - *Du côté des enfants*, Hôpital Ste-Justine de Montréal et Mensuel Enfants, 1990

Maziade, Michel - *Guide pour parents inquiets*, Éditions Laliberté, 1988

Messier, Camille et Gabriel Lord - *La fugue du foyer familial à l'adolescence*, Gouvernement du Québec, 1985

Miller, Alice - *Abattre le mur du silence*, Éditions Aubier, 1991

Olweus, Dan - *Agression in the schools, bullies and whipping boys* , Hemisphere Publishing Corporation, 1978

Papalia, Diane E. et Sally W. Olds - *Le développement de la personne*, Éditions HRW ltée, 1983

Publications du Québec - *Des enfants maltraités au Québec?*, Éditeur Officiel, 1987

Rapport du groupe de travail pour les jeunes - *Un Québec fou de ses enfants*, Gouvernement du Québec, 1991

Rosemund, John, *Parents au pouvoir*, Le Jour éditeur, 1992

Ruffo, Andrée - *Les enfants de l'indifférence*, Éditions de L'Homme, 1993

Salomé, Jacques - *Contes à guérir, contes à grandir*, Éditions Albin Michel, 1993

Tedguy, Claude B. - *Le complexe des copains*, Éditions de l'Époque, 1988

Tremblay, Richard E. et coll. - *Les enfants agressifs*, Édition Agence D'Arc, 1991

Weiss, G. et K. Minde - *Archives of general psychiatry* , vol. 24, mai 1971

Index

Chaque technique est illustrée par des exemples. Ne vous contentez pas de les appliquer tels quels, mais inspirez-vous en et transposez-les selon vos besoins. Rappelez-vous qu'il n'y a pas deux enfants semblables et qu'une stratégie valable avec un, peut s'avérer inefficace avec un autre. Vous pouvez également appliquer la démarche proposée p. 90 à 92 pour explorer et sélectionner les différentes stratégies appropriées à un cas particulier.

De deux à six ans, l'enfant qui...

De sept à douze ans, le jeune qui...

De treize à dix-sept ans, l'adolescent qui...